Mythen der Inka

Mythen alter Kulturen

Ägyptische Mythen
Aztekische und Maya-Mythen
Chinesische Mythen
Griechische Mythen
Keltische Mythen
Mesopotamische Mythen
Mythen der Inka
Nordische Mythen
Persische Mythen
Römische Mythen

Mythen alter Kulturen

Gary Urton

Mythen der Inka

Aus dem Englischen übersetzt
von Christian Rochow

Mit 35 Abbildungen
und 2 Karten

Philipp Reclam jun. Stuttgart

Titel der englischen Originalausgabe:
Inca Myths. London: British Museum Press, 1999.
(The Legendary Past.)

Die Deutsche Bibliothek – CIP-Einheitsaufnahme

Urton, Gary:
Mythen der Inka / Gary Urton. – Stuttgart : Reclam, 2002
   ISBN 3-15-010497-1

Alle Rechte vorbehalten
© für die deutschsprachige Ausgabe
2002 Philipp Reclam jun. GmbH & Co., Stuttgart
Die Übersetzung erscheint mit Genehmigung von
The British Museum Company Limited, London
© 1999 The Trustees of the British Museum
Umschlaggestaltung: Werner Rüb, Bietigheim-Bissingen
Kartenzeichnung: Theodor Schwarz, Urbach
Satz: W. Röck GmbH Druck + Medien, Weinsberg
Druck und buchbinderische Verarbeitung:
Franz Spiegel Buch GmbH, Ulm
Printed in Germany 2002
RECLAM ist eine eingetragene Marke
der Philipp Reclam jun. GmbH & Co., Stuttgart
ISBN 3-15-010497-1
www.reclam.de

Inhalt

Einführung
Die Mythen der Inka – ihre Schauplätze, ihre Zeit   *7*

Quellen zur Erforschung der Inkamythen   *33*
Kosmische Ursprungsmythen   *49*
Die Ursprungsmythen des Inkastaates   *65*
Die Mythen des Küstenlandes und der Provinzen   *85*
Die Inka-Vergangenheit in den Andenländern
der Gegenwart   *107*

Literaturhinweise   *115*
Register   *121*

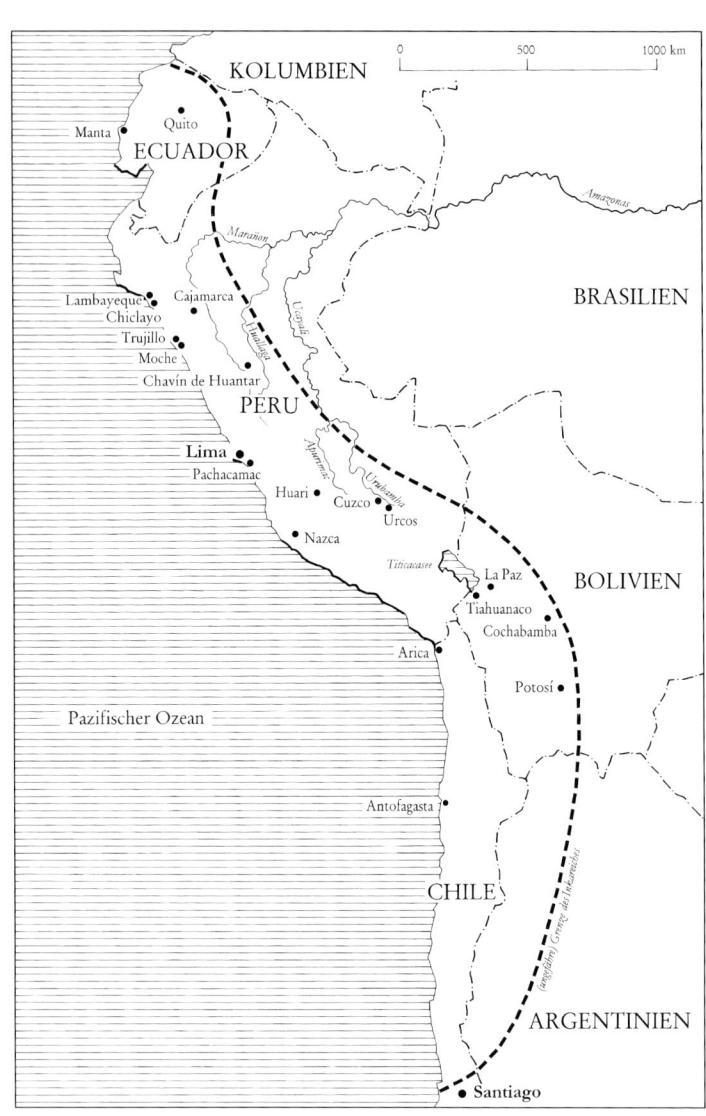

Einführung

Die Mythen der Inka – ihre Schauplätze, ihre Zeit

Das Land und die Leute von Tahuantinsuyu

Die Anden, die Heimat der Inka, bestehen aus drei parallelen Gebirgsketten im westlichen Südamerika. Sie ziehen sich wie ein kolossaler Nervenstrang von Nordwesten nach Südosten mitten durch die heutigen Staaten Ecuador, Peru und Bolivien (siehe nebenstehende Karte). Die Nordgrenze des Inkareichs lag in der Nähe der heutigen Grenze zwischen Ecuador und Kolumbien, während es nach Süden nahezu die Hälfte des heutigen Chile und die nordwestlichen Randgebiete des heutigen Argentinien einschloss. Die Inka teilten dieses Gebiet in vier Bezirke; sie bezeichneten ihr Land und ihr Reich mit dem Namen *Tahuantinsuyu*, »die vier vereinigten Viertel«.

Wenngleich das Inkareich gewöhnlich als »Andenzivilisation« bezeichnet wird – ein Ausdruck, der das Bild einer an zerklüftetes, meist gebirgiges Gelände angepassten Gesellschaft hervorruft –, verdeckt diese Ansicht tatsächlich die große Verschiedenartigkeit von Umweltformen und ökologischen Gegebenheiten, die in dem von dieser alten Zivilisation beherrschten Gebiet zu finden war. Zwar war die raue Andenregion das Kernstück des Inkagebiets, aber erst das Verhältnis zwischen diesem Hochland und zwei angrenzenden Tiefebenen gab der Zivilisation der Inka ihren wahren Reichtum an Umweltformen und ihre kulturelle Vielfalt.

Eine dieser Tiefebenen ist eine außerordentlich trockene Wüste, die die Küste des westlichen Randes des Festlandsockels einnimmt, an dem die kalten Wasser des Humboldtstroms nagen. Zahlreiche Flüsse entspringen in den Ausläufern der Anden und fließen durch diese trockene Küstenebene gen Westen zum Pazifischen Ozean. Die fruchtbaren Oasen, die sich entlang dieser Flüsse ausbildeten, waren die Heimat zahlreicher präkolumbianischer Kulturen. Die zweite, östlich der Anden gelegene Tiefebene umfasst tropischen Regenwald, das Quellgebiet der Flüsse Amazonas und Paraná.

In Peru, dem Kernland der Inka, entspringen zwischen den Gebirgszügen der Anden mehrere große Nebenflüsse des Amazonas, darunter der Marañon, der Huallaga und der Ucayali. Sie fließen zunächst nordwärts, wenden sich dann aber nach Osten, durchbrechen die Gebirgskette und strömen durch zerklüftete Gebirgsausläufer hinab in den tropischen Regenwald der Tiefebene. Diese Flussarterien, die den oberen Amazonas mit den Vorgebirgen der östlichen Anden verbinden, sind seit Jahrtausenden wichtige Reise- und Transportwege, die die Menschen dieser beiden großen ökologischen Regionen verbinden.

Die Umwelt, in der die Zivilisation der Inka blühte, umfasste also drei große ökologische Zonen: das Küstenland, das Gebirge und den tropischen Regenwald. In allen drei Zonen lebten unzählige lokale und regionale ethnische Gruppen. In vielen Jahren archäologischer Forschung und durch das Studium von Dokumenten der frühen Kolonialzeit sind die Forscher zu weitgehender Übereinstimmung in der Frage gelangt, wie die Inka und ihre Nachbarn ihre sozialen, wirtschaftlichen, politischen und rituellen Institutionen dem Land Tahuantinsuyu anpassten. In einigen Fällen griffen sie auf bewährte Praktiken zurück, die sie von früheren Zivilisationen erbt hatten; in anderen sahen sich die Inka herausgefordert, neue Institutionen, Anpassungsstrategien, Prinzipien und Formen des Herrschens zu entwickeln. Eine Institution verdient besondere Beachtung, und es gilt, ihr Verhältnis zu einer weit verbreiteten Anpassungsstrategie zu beschreiben, mit der zumindest die späten vorspanischen Gesellschaften der Anden sich der Aufgabe stellten, in dieser spezifischen Umwelt zu leben. Diese Institution war der *ayllu*, und die Strategie bestand in der Ausbeutung der Ressourcen der verschiedenen ökologischen Zonen.

»Ayllu« ist ein Quechua-Wort, das »Familie«, »Abstammung« oder »Teil« bedeutet. Bei diesen Ayllus, von denen vielleicht einige Zehntausende in jenem Teil der Anden lebten, der zum Inkareich gehörte, handelte es sich um Gruppen, die durch Verwandtschaft, Landbesitz und Ritual- und Zeremonialgemeinschaft verbunden waren. Die Angehörigen jedes Ayllu lebten über ein weites Gebiet verstreut. Das heißt, einige hatten ihre Wohnsitze in mittleren Höhenlagen, andere bewohnten die Tundrazone (*puna*) im Hochgebirge, während wieder andere im Tiefland, das heißt in den Gebirgstälern, in der Küstenebene oder in der Zone des tropischen Regenwaldes siedelten. Die Wirtschaft basierte auf dem Austausch von Gütern zwischen den in den verschiedenen ökologischen Zonen lebenden Angehörigen des Ayllu. Dieser Austausch erfolgte jeweils wahrscheinlich einerseits über die relativ kontinuierlich stattfindenden Reisen von Einzelpersonen, die (wohl in Lama-Karawanen) von einer Ayllu-Siedlung zur nächsten zogen, und andererseits während Versammlungen oder Festen, welche der Ayllu an einem bestimmten zentralen Ort jährlich

Polierte Steinmörser der Inkazeit in Gestalt eines Lamas

abhielt. Wir wissen, dass die Ayllus Mumien von Vorfahren besaßen, die von der gesamten Gruppe verehrt wurden. Die Ayllu-Versammlungen waren die passende Gelegenheit, diese Ahnenmumien zu verehren und die Ursprungsmythen der Gemeinschaft zu erzählen.
Zusätzlich zu den Ayllus sprechen die Forscher häufig von dem Vorhandensein unterschiedlicher »ethnischer Gruppen« innerhalb des Inkareichs. Im Fall der Inka bezieht sich dieser Begriff auf Gruppierungen von Ayllus, die sich wechselseitig eine größere Nähe zusprachen, indem sie oft ihren gemeinsamen Ursprung auf den/die Ahnen der Vorfahren ihrer Ayllus zurückführten. Solche Mehrheiten von Ayllus bildeten zugleich Strukturen, die man (vor allem bezogen auf den Bereich der südlichen Anden) als »Konföderationen« bezeichnet. Ein weiteres im gesamten Reich verbreitetes Organisationsmerkmal mittlerer Ebene war die enge Zuordnung zweier Ayllus, die sich als »Hälften« betrachteten und oft als »oberer« (*hanan*) und »unterer« (*hurin*) Ayllu bezeichnet wurden. In vielen Fällen hing diese Verteilung mit irgendeiner lokal wichtigen topographischen oder hydrologischen Grenzscheide zusammen, wie sie am deutlichsten in der Verteilung des Wassers durch das Netzwerk der Bewässerungskanäle hervortrat. Außerdem herrschte häufig die Meinung, dass die Ahnen dieser Ayllus von verschiedener Abkunft oder beruflicher Spezialisierung gewesen seien (beispielsweise Bauern bzw. Hirten oder Ansässige bzw. Eindringlinge).
Das eigentliche Wesen der Inkazivilisation bestand in der erfolgreichen Vereinigung dieser vielen und verschiedenen Völkerschaften und Ressourcen zu einer einzigen, hierarchisch gegliederten Gesellschaft. Diese Einigung gelang durch Eroberungen und Bündnisse sowie durch ein hohes Maß an bürokratischer Organisation, die es dem Staat nicht nur erlaubte, die Aktivitäten dieser zahlreichen Ayllus, ethnischen Gruppen und Konföderationen zu koordinieren und zu lenken, sondern auch die »mythischen Geschichten« (wie wir sie später nennen wollen) dieser verschiedenen Gruppen zusammenzuführen und in eine Synthese zu bringen. Dabei dürfte es sich als nützlich erweisen, von Anfang an zwei

wichtige, miteinander verbundene Unterscheidungen bezüglich der religiösen und mythischen Traditionen der präkolumbianischen Andenbewohner vorzunehmen. Einerseits ist die Andenreligion von der Inkareligion und andererseits sind die Anden- von den Inkamythen zu unterscheiden.

Generell versteht die Forschung, die sich mit den Kulturen der Anden befasst, unter »Andenreligion« lokal verankerte Glaubenslehren und Riten, die sich um örtliche Erd-, Berg- und Wassergeister sowie um die Gottheiten rankten, die mit lokalen (das heißt der Provinz zugehörigen) Ayllus und ethnischen Gruppen und deren Ahnen überall im Reich zusammenhingen. Diese Glaubenslehren und Riten standen mit sie erklärenden kosmischen Ursprungsmythen in Verbindung, Mythen von den ursprünglichen Beziehungen zwischen Menschen und Tieren und Berichten von mythischen Begegnungen zwischen den Ahnen der verschiedenen Ayllus und ethnischen Gruppen in einem bestimmten Gebiet, die die Geschichtenerzähler jener Region aufbewahrten.

»Inkareligion« hingegen bezeichnet die Glaubenslehren, Zeremonien und Riten, welche der Adel der Inka und dessen geistliche und politische Akteure zum Vorteil des Inkastaates ins Werk setzten. Inkamythologie bezieht sich auf die mythologischen Traditionen, die den Untertanen der Inka die staatlichen Glaubenslehren und -praktiken erklärten, sie rechtfertigten und im Zusammenhang darstellten. Obwohl es zahlreiche Ähnlichkeiten und Verbindungen zwischen diesen beiden Glaubensformen gab, stand im Zentrum der Andenreligion und -mythologie die Einheit und Erhaltung jedes einzelnen der unzähligen Ayllus und jeder einzelnen ethnischen Gruppe, während die treibende Kraft hinter der Inkareligion und -mythologie die Einigung all dieser lokalen Gruppen innerhalb des Reiches zum Nutzen und unter der Hegemonie der Inka war.

Im Zentrum der Glaubensausübung der Inka- und der Andenreligion stand die Anbetung und Bewahrung der Mumien. Die Verehrung und die beständige Pflege der Mumien der Inkakönige, aber auch der *mallqis*, der Mumien der Ahnen der Ayllus, waren wichtige religiöse Praktiken der Menschen im gesamten Inkareich. Zahlreiche Mythen wurden von den Inka und ihren Untertanen in den Provinzen über das Leben und die Taten jener Personen erzählt, deren mumifizierte Überreste an öffentlichen Orten zur Schau gestellt oder in Höhlen nahe den Städten, in denen ihre Nachkommen lebten, aufbewahrt wurden. Man glaubte, dass es zur Erhaltung der kosmischen Ordnung und für die fortgesetzte Fruchtbarkeit der Äcker und Nutztiere erforderlich sei, diese Ahnenmumien zu pflegen, sie neu zu kleiden und ihnen Speise und Trank zu spenden. Solche Glaubenslehren und Riten waren den spanischen Priestern, die sich jahrhundertelang darum mühten, derartigen »Götzendienst« auszurotten und die Abkömmlinge der Inka und ihrer Untertanen in den Provinzen zum Christentum zu bekehren, ein ständiger Dorn im Auge.

Die Gliederung des Inkareichs

Im Zentrum des Reiches lag die Hauptstadt Cuzco in einem fruchtbaren Tal der südlichen Zentralanden Perus auf einer Höhe von etwa 3400 Metern über dem Meeresspiegel. Cuzco war die Heimat des königlichen Geschlechts der Inka, aus dem die zwölf Könige stammten, die das Reich etwa von Anfang des 15. Jahrhunderts bis zur spanischen Eroberung des Andengebiets im Jahr 1532 regierten. Die Bevölkerung der Stadt und, von dort ausgehend, des gesamten Reiches, war in vier Ritual- und Verwaltungsbezirke aufgeteilt, die *suyus* (»Teile«, »Viertel«). Von Nordwesten aus im Uhrzeigersinn fortschreitend, handelte es sich um die Bezirke Chinchaysuyu, Antisuyu, Collasuyu und Cuntisuyu. Diese vier Viertel gingen aus einer komplizierten Überschneidung zweier doppelter Abteilungen innerhalb der Stadt Cuzco hervor. Das eigentliche Zentrum Cuzcos und der vier Bezirke der Stadt und des Reiches war ein Ensemble von einem halben Dutzend Gebäuden, der Ccoricancha (»Goldhof«), der manchmal als »Sonnentempel« bezeichnet wird.

In einem Raum des Ccoricancha waren die Mumien der früheren Könige des Reiches untergebracht. Während wichtiger ritueller

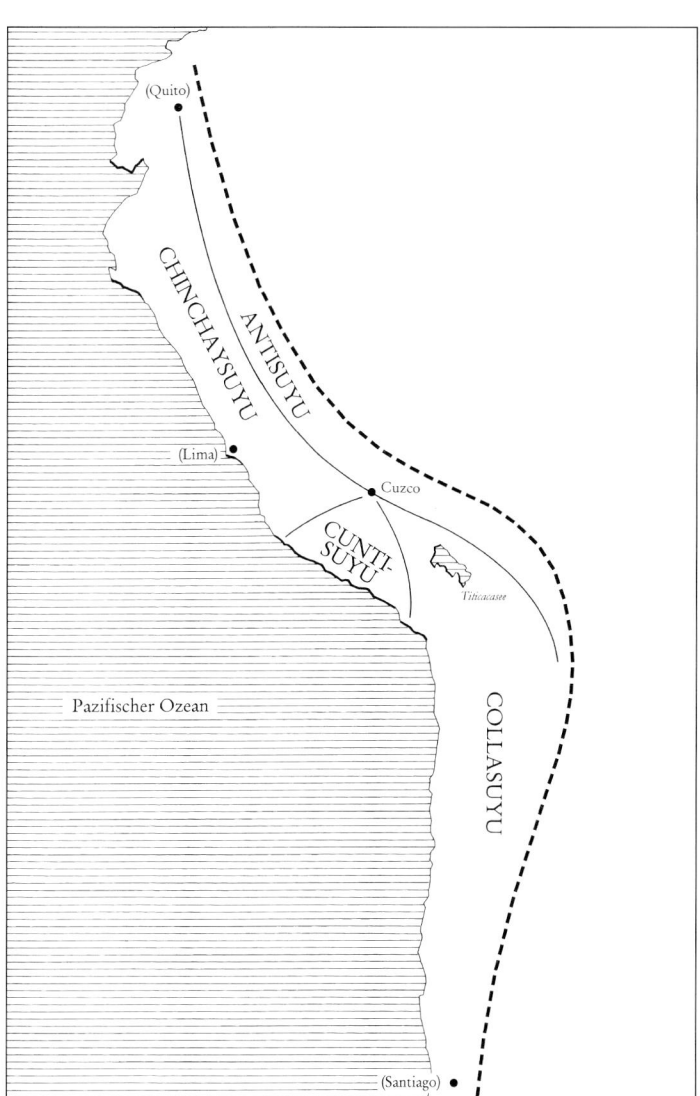

Feierlichkeiten wurden sie aus dem Ccoricancha herausgebracht und auf goldenen Sänften um den zentralen Platz der Stadt geführt. In weiteren Räumen des Ccoricancha fanden sich Bilder und Plastiken, die die Schöpfergottheit (Viracocha), die Sonne, den Mond, den Morgen- und Abendstern, den Donner, den Regenbogen und weitere geringere Gegenstände der Verehrung darstellten und diesen geweiht waren. War der Ccoricancha das Zentrum des rituellen Lebens innerhalb der Hauptstadt, so waren die Paläste, die Heiligtümer und die Bevölkerung Cuzcos insgesamt das Zentrum des Reiches von Tahuantinsuyu.

An der Spitze der imperialen Hierarchie stand der Inkakönig, der als *Sapa* (»einziger«) *Inca* bezeichnet wurde. Der herrschende Inka galt als direkter Abkömmling des ersten Königs Manco Capac, außerdem als irdische Manifestation der Sonne (*inti*), deren Licht und Wärme die Hochgebirgswelt der Anden bewohnbar machte. Neben dem König stand seine Hauptfrau, die *coya* (»Königin«), die, zumindest in der Spätzeit des Reiches, eine seiner Schwestern war. Die Königin galt als menschliche Verkörperung des Mondes (*qilla*), des Himmelskörpers, nach dessen monatlichem Zyklus das rituelle Leben in der Hauptstadt geregelt war. Den König und die Königin umgaben die Adligen – die Nachkommen der ungefähr ein Dutzend königlichen Ayllus oder Verwandtschaftssippen (genannt *panacas*), die in der Hauptstadt lebten. Diese Panaca-Gruppen waren hierarchisch nach ihrer Nähe zu der Familie (bzw. den Familien) der von Manco Capac abstammenden Könige geordnet.

Neben seiner Hauptfrau hatte der König zahlreiche Nebenfrauen – nach verschiedenen spanischen Quellen zwischen vierzig und hundert. Diese Frauen waren häufig Töchter hochrangiger Provinzaristokraten, deren Heirat mit dem Inka den Rang ihrer Familie und ihres Ayllu erhöhte. Die Kinder der Nebenfrauen galten als Adlige niederen Ranges; viele arbeiteten als Verwaltungsbeamte in der Hauptstadt. Hinzu kamen Rechnungsführer, Schreiber, Wahrsager, militärische Befehlshaber und weitere Funktionäre, die Geschlechtern von Panacas oder Ayllus angehörten, die den niederen Adel bildeten.

Die östlichen Räume des Ccoricancha, Cuzco

Aus der Hauptstadt gingen Verwaltungsbeamte in alle vier Teile des Reiches, um die staatlichen Angelegenheiten zu überwachen und zu regeln. Insbesondere war es ihre Pflicht, zu überwachen, dass die staatliche Arbeit verrichtet wurde. Im Inkareich wurde »Tribut« in Form von öffentlicher Arbeit erhoben. Die örtlichen Ayllus hatten die Pflicht, die Ländereien der Könige und Götter in ihren örtlichen Gemeinden zu bestellen oder deren Lamaherden zu hüten sowie Frondienste (*mitha*) bei staatlichen Bauvorhaben zu leisten. Dafür wurden die Tributpflichtigen in Dezimalgruppen gegliedert (das heißt Gruppen von 5, 10, 100, 500, 1000 usf. Haushalten). Auch die staatliche Verwaltung war nach dem Dezimalsystem untergliedert. Es gab Aufseher, deren Pflicht es war, die Angelegenheiten einer dezimal gegliederten Haushaltsgruppe der jeweils festgelegten Größenebene zu überwachen. Diese Aufseher verzeichneten ihre Berichte auf *quipus* (»Knoten«, siehe S. 35), mnemotechnischen Instrumenten, auf denen die Informationen im Dezimalsystem notiert wurden. Königliche Läufer (*chaskis*) übermittelten Botschaften zwischen der Hauptstadt und den Verwaltungszentren der Provinzen, die an ökologisch und demographisch kritischen Knotenpunkten überall im Reich angelegt worden waren.

Zahlreiche Rituale und staatliche Zeremonien, beispielsweise das tägliche Opfer von hundert Lamas auf dem großen Platz in Cuzco, die beiden großen Sonnenfeste zur Zeit der Winter- und Sommersonnenwende im Juni und Dezember oder auch das große Mondfest im Oktober, verliehen der Einheit und dem alten Brauchtum des Gemeinschaftslebens unter Führung der Inka kultische Weihe.

In den Provinzen bestand die Mehrheit der Bevölkerung aus gewöhnlichen Leuten oder *hatunruna* (»das große Volk«), die in eine Vielzahl von Ayllus gegliedert waren. Die höchstrangigen Geschlechter (bzw. das höchstrangige Geschlecht) der Gruppen in den Siedlungen der jeweiligen Gegend besaßen Oberhäupter, deren Herrschaft erblich war, die *curacas*. Diese Curacas bildeten die örtliche Autorität und handelten bei der Durchführung staatlicher Aufgaben in ihren Heimatterritorien im Auftrag der Inka.

Eine besonders dramatische Zeremonie, die die Einheit zwischen den Inka in der Hauptstadt und den Menschen der ländlichen Gebiete symbolisierte, war die jährliche Opferung von besonders geweihten Personen (in der Regel von Kindern), so genannten *capacochas*. Diese Personen wurden aus den Provinzen nach Cuzco geschickt, wo sie von den Inkapriestern geweiht wurden. Die Capacochas wurden dann in feierlicher Prozession auf geradlinigen Wegen (*ceques*) in ihre Heimatgebiete zurückgebracht und dort geopfert. Wir wissen aus Dokumenten der Kolonialzeit, dass Capacochas in speziell gegrabenen Schachtgräbern lebendigen Leibes verbrannt wurden; in jüngster Zeit wurden die Überreste von Capacochas gefunden, die auf hohen Berggipfeln erschlagen wurden. In allen solchen Fällen besiegelten die Menschenopfer das Bündnis zwischen der Heimatgemeinde und den Inka in Cuzco. Zugleich bestätigte das Capacocha-Opfer die hierarchische Beziehung zwischen den Inka des Zentrums und den hochrangigen Geschlechtern der Provinzen.

Die Inka bedienten sich zur Kontrolle der Bevölkerung und zur ökonomischen Organisation ihres Reiches der Strategie, bestimmte Ayllus, oder Teile davon, aus ihren Heimatgebieten zwangsweise umzusiedeln, um sie etwa bei der Arbeit an staatlichen Vorhaben oder als vorgeschobene Grenzposten einzusetzen. Diese Umgesiedelten wurden *mitimaes* genannt. Derartige Umsiedlungen und die daraus erwachsenden Bevölkerungsmischungen in der Inkazeit wirkten sich zweifellos stark auf die Vorstellung von Ursprungsorten und (mythischen) Ursprungsgeschichten aus, welche die verschiedenen ethnischen Gruppen im gesamten Reichsgebiet besaßen. Schließlich gab es noch den erblichen Sklavenstand, die *yanaconas* (»dunkles/dienendes Volk«). Diese waren Dienstleute des Königs, die auf den Ländereien des Königs und des Hochadels lebten und arbeiteten.

Wie die Mythen anderer antiker Völker in aller Welt legitimierten auch die kosmischen Schöpfungsmythen der Inka und ihre Ursprungsmythen die Inkaherrschaft und bestätigten die hierarchischen sozialen, politischen und ökonomischen Beziehungen, die die gesamte Gesellschaft gliederten. Dabei darf jedoch nicht vergessen werden, dass sich die Inka auf einen Vorrat von Kenntnissen, Überzeugungen und Verhaltensweisen stützten, den sie von älteren Zivilisationen übernommen hatten. Darin sind sie keine Ausnahme, da sich überhaupt keine oder nur sehr wenige Staaten der Antike unabhängig von früheren Königreichen oder von Gesellschaften entwickelten, die über Stammesführer verfügten.

In Ecuador, Peru, Bolivien und dem nördlichen Chile finden sich zahlreiche und sehr verschiedenartige archäologische Zeugnisse der Zivilisationen der Inka und ihrer Vorläufer. Viele dieser Kulturen hinterließen uns zahlreiche Beispiele von Kunstwerken, die reiche und ikonographisch vielfältige Darstellungen von Menschen, Tieren und menschlich-tierischen Mischwesen aufweisen, die wahrscheinlich übermenschliche Wesenheiten repräsentieren sollten. Derartige Bilder und Szenen von wichtigen Personen, die gelassen zwischen Untergebenen, geflügelten Wesen, anthropomorphisierten Tieren, Pflanzen und im Wasser lebenden Kreaturen stehen, finden wir auf Keramiken und Textilien sowie auf Arbeiten aus getriebenem Gold. Sie liefern uns bescheidene Hinweise auf den Charakter der Gottheiten, Geister und anderer mythologischer Wesen aus der Zeit vor der Herrschaft der Inka und auf die Beziehungen, die zwischen diesen Wesen nach den Vorstellungen dieser Kulturen herrschten. Mit aller gebotenen Vorsicht können wir aus der Betrachtung der archäologischen und ikonographischen Zeugnisse der früheren Zivilisationen unser Verständnis der Inkamythologie vertiefen, bereichern und in Zusammenhänge stellen.

Die Vorläufer der Inka

Die Inka waren nicht die erste Zivilisation der Anden, der es gelang, die Völker des westlichen Südamerika zu einen. Für die Archäologen ist unbezweifelbar, dass sie die Einigung nur deswegen so schnell (in wenigen Jahrhunderten) erreichen konnten, weil sie auf bereits existierende Beziehungen, staatliche Institutionen und Herrschaftsformen zurückgreifen konnten, die sie von älteren

Völkern übernahmen. Die Archäologen unterteilen die peruanische Vorgeschichte in fünf Hauptperioden, und zwar hauptsächlich aufgrund von Kontinuitäten und Veränderungen in der Formgebung und im Stil der Keramik, die zwischen den verschiedenen Zeiten und von Ort zu Ort feststellbar sind. Drei dieser Perioden werden als »Horizonte« bezeichnet; dieser Begriff soll andeuten, dass es sich hinsichtlich Kunst, Architektur, Ritualverhalten und Ökonomie um Zeiten relativer Einheitlichkeit in großen Regionen der zentralen Anden handelte. Zwischen diesen Horizonten liegen die so genannten »Zwischenperioden«, das sind Zeiträume, die von lokalen und regionalen (aber nicht das gesamte Andengebiet erfassenden) Entwicklungen geprägt sind.

Periode	Ungefähre Datierung
Früher Horizont	900–200 v. Chr.
Frühe Zwischenperiode	200 v. – 500 n. Chr.
Mittlerer Horizont	500–1000
Späte Zwischenperiode	1000–1400
Später Horizont	1400–1532

Eine der frühesten Vorgängerzivilisationen der Inka war die Zivilisation von Chavín, benannt nach dem Ort Chavín de Huantar, der im zentralen peruanischen Hochland am Zusammenfluss zweier kleiner Wasserläufe nahe dem Quellgebiet des Marañon und des Santa gelegen ist. Diese Kultur entspricht nach räumlicher und zeitlicher Ausdehnung dem Frühen Horizont. Chavín de Huantar besitzt alle Merkmale eines Zeremonialzentrums der Andenkulturen: mit Steinen verkleidete Pyramiden, im Innern von Gängen durchzogen, die in Orakelkammern zusammenlaufen; offene Plätze zwischen Erdwällen, die wie Arme von den Pyramiden her ausgreifen; sowie mit Reliefs geschmückte steinerne Stelen und frei stehende Statuen einer genau erkennbaren Ikonographie. Diese Stelen und Statuen sind nach einem komplizierten Aufstellungsprinzip über die Anlage verteilt. Die Chavín-Kunst bezog ihre Motive aus dem Tier-, Pflanzen- und Meeresleben der Küstenregion, des Hochlands und des tropischen Regenwalds. Eben-

Fassade des Neuen Tempels, Chavín de Huantar

so finden sich Fundstätten des Chavín-Stils vom Oberlauf des Amazonas nach Westen über die hohen Bergtäler der Anden bis hin in die üppigen Flusstäler der Wüste an der Pazifikküste.
Zu der Bildwelt von Chavín gehören Tiere, insbesondere katzenartige Raubtiere in menschlicher Haltung, außerdem Harpyen, Adler, Falken und unzählige Schlangen, die teilweise mit mächtigen Hundezähnen dargestellt sind. Ein Element, das überall in der Chavín-Kunst auftritt und bis in die Zeit der spanischen Eroberung in der Kunst verbreitet bleibt, ist der so genannte »Stabgott«. Diese Stabgötter sind frontal ausgerichtete, stehende Figuren männlichen und weiblichen Geschlechts, die vielleicht tierisch-menschliche Mischwesen oder maskierte Menschen darstellen sollten. In beiden Händen halten sie Stäbe oder Maisstängel. Wir wissen nicht, welchen Sinn und welche genaue Bedeutung die Stabgötter für die Menschen der Chavín-Kultur besaßen. Angesichts des häufigen Vorkommens derartiger Figuren an herausragender Stelle, auf

Stabgöttin der Chavín-Zeit, bemaltes Textil

Bauwerken und tragbaren Kunstgegenständen, die an vielen Stätten in großen Teilen des heutigen Peru entdeckt wurden, erscheint es jedoch ziemlich sicher, dass dieses Wesen eine übernatürliche Macht und Persönlichkeit von außerordentlicher Bedeutung darstellte, vielleicht eine Art Schöpfergottheit. Diese Schlussfolgerung wird dadurch erhärtet, dass Stabgötter von ähnlicher Haltung und mit ähnlichen Attributen gemeinhin als Gegenstände künstlerischer Gestaltung bis in die Inkazeit fortlebten.

An den Frühen Horizont schloss sich eine ungefähr gleich lange Zeit an, in der eine Reihe regionaler Herrschaftsbereiche sich teils verbündete, teils miteinander um die Herrschaft über Menschen und Ressourcen in dem ökologisch vielfältigen Gebiet der Anden konkurrierte. Es wäre falsch, die Frühe Zwischenperiode (200 v. – 500 n. Chr.), die auf den Frühen Horizont folgte, für eine Zeit des Chaos und des kulturellen Niedergangs zu halten, wenngleich die Inka selbst derartige Perioden der Dezentralisierung und

des Regionalismus genau so verstanden. Tatsächlich aber wurden in dieser Zeit eine Anzahl wichtiger sozialer, politischer und künstlerischer Neuerungen eingeführt.
So wurden beispielsweise in den um Häuptlinge oder Könige organisierten Gesellschaften an der Nordküste Perus städtische Zentren von erstaunlicher Komplexität errichtet. Das geschah an Stätten wie der Huaca del Sol im Moche-Tal oder Pampa Grande im Lambayeque-Tal. Die kürzlich entdeckten Gräber der Herrscher von Sipan, in der Nähe des heutigen Chiclay in Peru, zeigen eine Raffinesse der Metallverarbeitung, die nur mit der späterer Andenzivilisationen vergleichbar ist. Diese Kunstwerke mit ihrer reichen Bildwelt an katzenartigen, jaguarhaften und sonstigen Tierformen erinnern in mancher Hinsicht an die Kunst von Chavín. Die Mythologie, die dieser Ikonographie zugrunde lag und ihr Bedeutung verlieh, war zweifellos Bestandteil anderer zeitgleicher Zivilisationen der Nordküste Perus und ebenso anderer früherer oder späterer Andenzivilisationen, oder sie war ihnen zumindest bekannt.

Wallbauten im Lambayeque-Tal

Ein Teil der künstlerischen Arbeiten aus dem nordperuanischen Küstenland, denen an der Ikonographie der mythologischen Traditionen der Andenzivilisationen interessierte Forscher viele Spekulationen und Spezialuntersuchungen widmeten, war die Moche-Keramik mit ihren modellierten und gemalten Darstellungen. Insbesondere auf den Wandungen von Steigbügelgefäßen finden sich Malereien, die Szenen mit menschlichen und anthropomorphen Tierfiguren, Vögeln und Meereswesen zeigen. Man glaubt, dass einige davon wichtige Gestalten aus der Nordküsten-(Moche-)Mythologie darstellen. Mehrere der Figuren werden so häufig in immer wiederkehrender Haltung und Gruppierung dargestellt, dass man annimmt, die Szenen zeigten eine ziemlich kleine Zahl (vielleicht zwei Dutzend) weit verbreiteter gemeinsamer mythisch-ritueller »Themen«. Zu diesen Darstellungen mythischer und ritueller Zusammenhänge gehören die Gefangennahme und Opferung feindlicher Krieger; Diener, die Herrschern oder Göttern Trinkgefäße darreichen – in manchen Fällen scheint es sich um Pokale zu handeln, die mit dem Blut von Geopferten gefüllt

Huaca del Sol, Moche-Tal

Steigbügelgefäß, bemalt mit Bohnenpflanzen und einem laufenden Boten, Moche-Stil

Gewebe, Paracas-Stil

sind –; sowie die Fahrt eines Wesens in einem mondförmigen Boot über einen Sternenhimmel.

An der Südküste Perus scheint die Entwicklung großer städtischer Zentren während der Ersten Zwischenperiode weniger ausgeprägt gewesen zu sein, jedenfalls finden sich dafür im selben Zeitraum nicht so viele Zeugnisse wie im Bereich des nördlichen Küstenlands. Gleichwohl gab es zahlreiche Zeremonialzentren, beispielsweise im Einzugsgebiet der Flüsse Pisco, Ica und Nazca. Wahrscheinlich handelte es sich dabei um regionale Pilgerstationen, die aus verschiedenen rituellen und wirtschaftlichen Gründen von Menschen unterschiedlicher ethnischer Gruppen aufgesucht wurden. Daneben gibt es in den Flusstälern des südperuanischen Küstengebiets zahlreiche Begräbnisplätze aus der Zeit des Frühen Horizonts und der Ersten Zwischenperiode, auf denen Mumien begraben und zur Schau gestellt wurden. Viele dieser mumifizierten Leichen sind in schön gewebte und bestickte Stoffe gewickelt, geschmückt mit zahlreichen ikonographischen Bildern natürlicher und übernatürlicher Wesen. Letztere stehen nach Ansicht von einigen Forschern in Zusammenhang mit rituellen Praktiken (insbesondere bezogen auf Landwirtschaft und Krieg) sowie mit mythologischen Traditionen der Talbewohner.

In der nächsten Ära einer kulturellen Einigung im präkolumbianischen Andengebiet, dem so genannten Mittleren Horizont (500–1000 n. Chr.), entstanden zwei politische und kultische Zentren. Das eine, Tiahuanaco, lag in der bolivianischen Hochebene (*altiplano*) unweit des Südufers des Titicacasees; das andere, Huari, befand sich im südlichen Teil des zentralen peruanischen Hochlands. Die Gesellschaften, die sich um diese beiden gleichzeitig existierenden Zentren bildeten, werden nach diesen benannt.

Es gab zahlreiche Merkmale, durch die sich die Tiahuanaco- und Huari-Kultur voneinander unterschieden, aber auch eine Reihe bemerkenswerter Ähnlichkeiten. Ähnlich war vor allem die reich entfaltete, komplexe Ikonographie, die insbesondere auf Stein, Textilien, Keramiken und Muschelschalen festgehalten wurde. Viele Bilder von religiöser und mythologischer Bedeutung finden

Sonnentor, Tiahuanaco; in der Mitte der Stabgott, flankiert von geflügelten Begleitfiguren

Steinstatue aus Tiahuanaco

sich gleichermaßen in der Kunst beider Kulturen, darunter Stabgötter sowie geflügelte, im Lauf befindliche falkenköpfige Figuren, häufig im Profil dargestellt, die Keulen, zuweilen auch abgeschlagene Köpfe in den Händen halten. Da die Stabgötter in der Architektur und Kunst von Tiahuanaco und Huari eine große Rolle spielen, müssen sie für diese Kulturen eine zentrale Bedeutung besessen haben; wahrscheinlich gab es zwischen diesen Figuren und den ähnlichen der Chavín-Kultur eine religiöse, rituelle und mythologische Kontinuität. Es ist ziemlich wahrscheinlich, dass die Stabgottheiten der Völker der Tiahuanaco- und der Huari-Kultur wie die so genannten Schöpfergötter der Inkazeit (beispielsweise Viracocha und Pachacamac) als die Götter galten, welche die Menschen erschaffen hatten und für die Fruchtbarkeit der Felder und der Tiere verantwortlich waren.

Die Stabgötter und die zahlreichen frei stehenden, in Stein gehauenen Bildwerke in Tiahuanaco beeindrucken heute die Touristen noch genauso, wie sie einst, zur Zeit der Inka, die Reisenden und Pilger beeindruckten. Inka-Informanten erzählten den Spaniern in den ersten Jahren nach der Eroberung, dass die Statuen von Tiahuanaco eine ältere Rasse von Giganten darstellten, deren Ursprünge in die Zeit vor dem Auftreten der Inkakönige zurückreichten. Tatsächlich nahmen, wie wir noch sehen werden, die Inka und ihre Untertanen in den Provinzen, also einem Großteil des heutigen Peru, in ihren Mythen durchgängig für sich in Anspruch, dass ihre Ahnen aus der Gegend des Titicacasees und direkt aus Tiahuanaco gekommen seien.

Die Späte Zwischenperiode (1000–1400) war wiederum ein Zeitraum in der zentralandinen Vorgeschichte, der von regionalen Entwicklungen geprägt war. Diese Periode liegt zwischen dem Mittleren Horizont, der von der Tiahuanaco- und der Huari-Kultur bestimmt war, und dem Aufkommen der Inkazivilisation, die sich weithin ausbreitete und als Später Horizont (um 1400–1532) bezeichnet wird. Eine Gesellschaft der Späten Zwischenperiode, die für die Erforschung der andinen und der Inkamythen von besonderem Interesse ist, war die der Chimú-Völker. Chimú war eine Gesellschaft mit staatlicher Organisation im nordperuanischen

Küstenland. Die Hauptstadt des Chimú-Reiches, Chanchan, lag im Tal des Flusses Moche. In Chanchan und in anderen Orten, die zum Chimú-Reich gehörten, finden sich Überreste großer Königspaläste mit offenen Plätzen, Begräbnishügeln und Verwaltungsvierteln. Charakteristisch ist hier eine Vielfalt dekorativer Adobes-Friese mit sich wiederholenden Bildern von Seevögeln und Meeresbewohnern und anderen Wesen, die als doppelköpfige Himmelsschlangen gedeutet werden.

Chimú, häufig auch mit dem geographisch-linguistischen Begriff *yunga* (»Tiefland«) bezeichnet, ist aus zwei Gründen für die Erforschung der Inkamythen von besonderer Wichtigkeit: Zunächst einmal berichten Dokumente der frühen Kolonialzeit ausführlich über die Beziehungen der Könige der Chimú und der Inka in mythischer Zeit sowie von Begegnungen zwischen den Idolen beider Gesellschaften; zum zweiten ist das Chimú-Reich vielleicht der einzige Andenstaat aus der Zeit vor den Inka, von dem noch Versionen

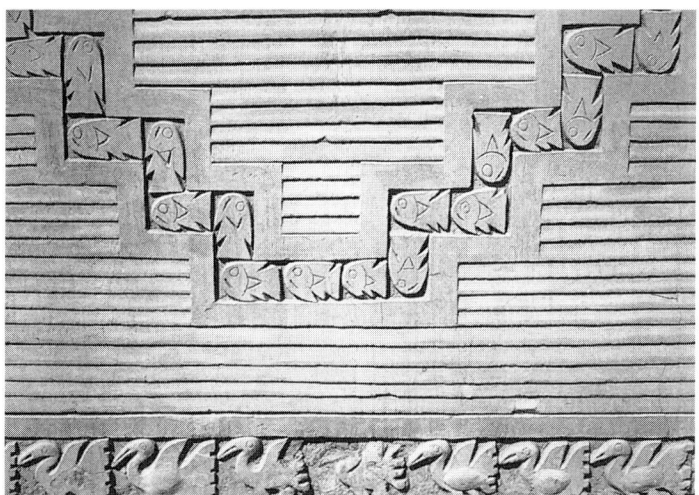

Adobenfries, Chanchan, Moche-Tal

Adobenfries mit Darstellung einer doppelköpfigen Schlange, Huaca el Dragon, Moche-Tal

seiner Ursprungsmythen vorhanden sind. Auf die Gestalt und die Inhalte dieser Mythen werden wir später zurückkommen.
Hiermit beschließen wir unseren stark vereinfachten Überblick über die Abfolge der Kulturen und die zeitliche Gliederung der Entwicklungsphasen der andinen Vorgeschichte bis zur Entstehung des Inkareichs. Zu den kulturellen Errungenschaften, auf die die Inka des Späten Horizonts zurückgreifen konnten, gehörten das Königtum, eine hochgradig zentralisierte und bürokratische Verwaltung, die lokale (auf den *ayllus* basierende) und staatliche Verteilung der ökonomischen Ressourcen, die Priesterschaft, der Ahnenkult sowie reiche künstlerische und ikonographische Traditionen, die in vielfältigen Medien ihren Ausdruck fanden. Die Quellen der Kolonialzeit sprechen zwar nicht ausdrücklich von einer langen, ununterbrochenen Tradition der Göttergestalten und mythischen Themen, die eine Zivilisation und eine kulturelle Periode mit der nächsten verbunden hätten, doch lassen die beständi-

ge Wiederkehr bestimmter ikonographischer Themen (beispielsweise von felin-menschlichen Mischwesen, von Stabgöttern, falkenköpfigen Kriegern oder »Geistern«) und der archäologische Befund, dass sich die Kulturen nicht unvermittelt ablösten, sondern zeitlich überschnitten und vermischten, in hohem Maße darauf schließen, dass die Mythologie der Inka das Ergebnis eines langwierigen und vielschichtigen Prozesses der Erneuerung, Entlehnung und Überarbeitung von Mythen der aufeinander folgenden andinen Gesellschaften war.

Im nächsten Kapitel werden wir uns den Quellen der frühen Kolonialzeit zuwenden, die die Ergebnisse dieser kontinuierlichen andinen Traditionen kosmischer, staatlicher und lokaler Mythen verzeichnen.

Quellen zur Erforschung der Inkamythen

Woher stammen unsere Erkenntnisse von den Mythen, die die Inka über sich selbst und die sie umgebende Welt erzählten? Zunächst einmal ist zu sagen, dass uns darüber, was wir heute als »Mythen der Inka« bezeichnen, keinerlei Dokumente überliefert sind, die von den einheimischen Andenvölkern in ihren eigenen Sprachen vor der Ankunft der Spanier selbst verfasst wurden, und zwar deshalb nicht, weil die Inka keine Schrift besaßen – oder es uns zumindest bislang nicht gelungen ist, bei ihnen ein Schriftsystem zu entdecken und dieses zu entziffern. Deshalb stammen alle Berichte, die wir über Mythen der Inka haben, von spanischen Chronisten und Schreibern oder von Einheimischen mit spanischer Bildung, die ihre Texte mit der Feder auf Papier oder Pergament schrieben. Die meisten der Mythen wurden in spanischer Sprache überliefert. Einige der frühen Quellen, so die der einheimischen Chronisten Felipe Guaman Poma de Ayala und Juan de Santacruz Pachacuti Yamqui Salcamaygua, wurden in einem Spanisch verfasst, das reich mit Wörtern, Sätzen und grammatischen Strukturen des Quechua – der Lingua franca des Inkareichs – oder einer anderen weit verbreiteten, aber mit dem Quechua nicht verwandten Sprache, dem Aymara, durchsetzt ist, welches in der Gegend des Titicacasees und südlich davon, in einem großen Teil des heutigen Bolivien, auch heute noch die Umgangssprache ist.

Wenn auch einheimische schriftliche Zeugnisse der Inkamythen fehlen, darf doch die Rolle, die ein von den Inka benutztes Aufzeichnungsverfahren, das so genannte *quipu*, für das Sammeln und

Aufzeichnen der Inkamythen in der frühkolonialen Zeit spielte, nicht unterschätzt werden. Quipus, abgeleitet von dem Quechua-Wort für »Knoten«, waren verschiedenfarbige, mit Knoten versehene, zusammengebundene Schnüre, die die Inkas verwendeten, um statistische Informationen, etwa Bevölkerungszahlen oder das Tributaufkommen, festzuhalten. Andererseits aber ließen sich mit Hilfe der Quipus auch Informationen verzeichnen, auf die Experten, die so genannten *quipucamayoqs* (»Knotenmacher« oder »Knotenbewahrer«), bei der Erzählung von Geschichten aus der Vergangenheit der Inka zurückgreifen konnten – in einer Weise, die uns bis heute nicht voll verständlich ist.

Vor der Ankunft der Spanier wurden die auf den Quipus festgehaltenen Erzählungen von den Quipucamayoqs in öffentlichen Versammlungen bei wichtigen zeremoniellen Anlässen vorgetragen. Die Aufgabe, die Vergangenheit im Gedächtnis zu behalten und wieder zu erzählen, gehörte auch zu den Pflichten der höfischen Dichter-Philosophen, der so genannten *amautas*. Diese Menschen waren dafür zuständig, Genealogien und Taten der Inkakönige und -königinnen, Berichte von Krönungen, Schlachten und dergleichen in Lieder zu bringen und diese, wenn es gewünscht wurde, vor dem König und seinem Hofstaat vorzutragen. Nach der spanischen Eroberung waren diese einheimischen Beamten die wichtigsten Gewährsleute, von denen die Spanier Berichte über Mythen, Dynastien, historische Ereignisse und andere Geschichten aus der Vergangenheit der Inka hörten. Im weiteren Verlauf »lasen« oder deuteten die Quipucamayoqs die Berichte auf den Quipus in ihrer Landessprache, ein zweisprachiger Dolmetscher (*lengua*) übersetzte ihre Worte ins Spanische, während ein spanischer Schreiber diese Übersetzung niederschrieb.

Da ein großer Teil der Informationen über die Inka-Vergangenheit, welche die Spanier in den ersten Jahren nach der Eroberung sammelten, von (vorwiegend männlichen) Informanten aus Cuzco stammte, die dem Adel der Inka angehörten, sind die Mythen, die wir kennen, in ihrer Tendenz ausgeprägt elitär, männlich bestimmt und auf Cuzco bezogen. Erst in Dokumenten aus dem frü-

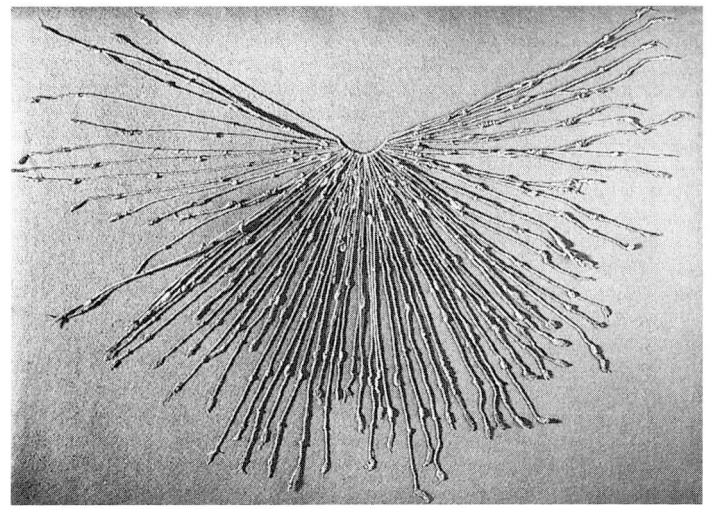

Quipu – Knotenschnüre der Inka zur Aufzeichnung statistischer Daten

hen bis mittleren 17. Jahrhundert finden wir auch Berichte, die sich auf das Leben der einfachen Leute (sowohl von Frauen als auch Männern) in den Provinzen beziehen.

Bei dem Prozess der Quipu-Lektüre, des Übersetzens und Niederschreibens gab es für beide beteiligte Gruppen – Spanier und Eingeborene – ausreichend Gelegenheit, die Geschichten zu verdrehen, einiges auszulassen, sie auszuschmücken oder sie anderweitig aus persönlichen oder politischen Motiven zu verändern. Beispielsweise mochte es vorkommen, dass ein Einheimischer seine Genealogie kunstvoll verbrämte, um sich und sein Geschlecht vor den Spaniern in ein besseres Licht zu rücken. Außerdem waren offenbar einige Spanier darauf bedacht, die Inka als Tyrannen und illegitime Herrscher darzustellen. Diese Art der Manipulation der Vergangenheit wurde zu einem integralen Bestandteil der spanischen Strategie zur Rechtfertigung ihrer Eroberung und Herrschaft über die Andenvölker.

Leider gibt es weder ein Zaubermittel noch einen einfachen Weg, die mythischen Berichte »zwischen den Zeilen« zu lesen, um herauszufinden, welche Elemente autochthon sind und welche von den Einheimischen oder den Spaniern aus irgendeinem politischen Grund eingefügt wurden. Nur indem wir das Studium der kolonialzeitlichen Dokumente mit archäologischen Befunden der Inkastätten verbinden, kann es ansatzweise gelingen, in den Berichten der Chronisten über die »Geschichte« der Inka Mythisches von Geschichtlichem zu scheiden. Um also zu möglichst relevanten und kulturell aussagefähigen Konstruktionen der Inkamythen zu gelangen, können wir auf eine sorgfältige und kritische Untersuchung ihrer Quellen nicht verzichten.

Ein zusätzlicher Punkt muss berücksichtigt werden, wenn wir den Charakter und die Grenzen der in unseren Quellen enthaltenen mythischen Informationen genau bewerten wollen: Da die uns verfügbaren Berichte alle auf Zeugenaussagen zurückgehen, die nach 1532 niedergeschrieben wurden, besitzt dieses Korpus von Mythen keine unbezweifelbare absolute Chronologie. Zwar können wir durchaus den geschichtlichen Ablauf innerhalb einer gegebenen mythischen Erzählung verfolgen und feststellen, dass ein Ereignis nach einem anderen stattgefunden haben soll, wir können aber keinem Ereignis aus der Zeit vor dem Beginn historischer Aufzeichnungen im Jahre 1532 allein auf der Grundlage der Berichte, die nach der Eroberung aufgezeichnet wurden, mit hinreichender Sicherheit ein genaues Datum zuordnen.

Seit Beginn der Kolonialzeit wurden allerdings zahlreiche Versuche unternommen, ein Gerüst aus feststehenden Daten als zeitlichen Rahmen für die Interpretation der mutmaßlichen historischen Bedeutung bestimmter in den Inkamythen erzählter Ereignisse aufzustellen. Das galt beispielsweise schon für die Versuche der Spanier, Ereignisse, die in den Ursprungsmythen der Inka genannt wurden (etwa eine weltweite Überschwemmung oder das angebliche Auftreten von Jüngern Christi), mit der biblischen »Geschichte« in Übereinstimmung zu bringen; das gilt aber ebenso für neuere Versuche, die Abfolge der Könige, die in der späten vorspanischen Zeit im Andenraum regiert haben sollen, gemäß

Qero – Trinkbecher mit Darstellung des Inkakönigs und der Inkakönigin in spanisch beeinflusstem Stil, Kolonialzeit

westlicher, linearer Logik in eine absolute Chronologie zu bringen. Alle derartigen Chronologien ruhen auf schwankendem Fundament; keine konnte auch nur ganz allgemein durch unabhängige, wissenschaftliche archäologische Forschungen bestätigt werden. Nur dank der archäologischen Wissenschaft und ihren Methoden der Datierung, unter anderem mit Hilfe des Radiokarbonverfahrens, können wir Ereignissen aus vorspanischer Zeit gesicherte Daten zuweisen und auf diese Weise beginnen, einen chronologischen Rahmen für die Bewertung der Historizität einiger Elemente der Inkamythen aufzubauen.

Die wichtigsten Chronisten der Inkamythen

Die Arbeiten von etwa zwei Dutzend Chronisten, die in den ersten hundert Jahren nach der spanischen Eroberung ihre Berichte aufschrieben, liefern uns Material für die Erforschung der Inkamythen. Die folgenden Quellen, die wir überwiegend der Entstehungszeit nach ordnen, gehören zu den interessantesten, nützlichsten und/oder verlässlichsten für unser Thema.

Cieza de León war ein spanischer Soldat, der in den frühen Tagen der spanischen Herrschaft einen großen Teil des westlichen Südamerika bereiste. Er kam ungefähr 1547 nach Peru und durchzog das Land in den folgenden Jahren von der äußersten Nordküste (bei Tumbes) südwärts durch das frühere Kernland des Reiches bis hin nach Charcas im Süden Zentralboliviens. Cieza war ein sorgfältiger Beobachter, der mit zahlreichen Informanten sprach und sich während seiner Reisen umfassende Notizen machte. Die ersten beiden Teile seiner *Crónica del Peru* enthalten sehr wertvolles Material für die Erforschung der Inkamythen. Der 1553 veröffentlichte erste Teil des Werks enthält Ciezas landeskundliche Beschreibungen, der 1554 veröffentlichte zweite Teil mit dem Titel *El Señorío de los Incas* ist eine der frühesten Quellen zur Geschichte und Mythologie des Inkareiches.

Juan de Betanzos wurde in Spanien geboren, lebte als Erwachsener jedoch in Peru. Um 1541 heiratete er eine Inkaprinzessin, die

Nichte des letzten allgemein anerkannten Königs Huayna Cápac. Betanzos wohnte in Cuzco, erlernte die Quechua-Sprache und verkehrte mit zahlreichen Abkömmlingen des Inka-Adels in der früheren Hauptstadt. 1551 beauftragte ihn Antonio de Mendoza, der spanische Vizekönig Perus, mit der Abfassung einer Geschichte der Inka. Seine Darstellung, die 1996 unter dem Titel *Narrative of the Incas* erstmals in englischer Sprache (übersetzt von R. Hamilton und D. Buchanan) erschien, wurde 1557 abgeschlossen. Bei diesem Buch handelt es sich um eine unserer besten Quellen über die Inkamythen, wie sie vom Standpunkt des Inka-Adels in Cuzco in den ersten Jahrzehnten nach der spanischen Eroberung erzählt wurden.

Polo de Ondegardo diente als leitender Beamter der Kolonialverwaltung (*corregidor*) in Cuzco in den Jahren von 1558 bis 1561 und von 1571 bis 1572. Als Jurist mit ausgeprägtem Interesse an der Religion, den Sitten und dem »Aberglauben« der Inkavölker und ihrer Nachfahren führte Polo in den fünfziger und sechziger Jahren des 16. Jahrhunderts Untersuchungen zu diesen und anderen Fragen durch – so versuchte er, meist erfolgreich, die Mumien der Inkakönige aufzuspüren und zu vernichten. Zu seinen Untersuchungen legte er eine Reihe von Berichten vor, so eine Abhandlung *Los Errores y superstiticones de los indios* (1567) und einen Bericht über die Religion und das Regierungswesen der Inka (1571). Seine Darstellungen liefern uns wertvolles Hintergrundmaterial für die Kontextualisierung unserer frühen Berichte von Inkamythen; Erkenntnisse aus seinen Arbeiten gingen in eine Reihe späterer Werke ein, darunter in die Chroniken von Acosta und Cobo (siehe unten).

Polo de Ondegardo war ein Vorläufer und früher Exponent einer Textgattung oder Tradition der Interpretation beim Schreiben über die Inka und ihre Geschichte, die sich im späten 16. Jahrhundert im Zusammenhang mit der Reorganisation der Kolonialverwaltung unter Francisco de Toledo (1569–81), dem vierten Vizekönig von Peru, entwickelte. Toledo verfolgte ein Programm zur Erforschung der Geschichte der Inka, einschließlich der Organisation und des Aufbaus ihres Reiches, das als Grundlage für die Einführung von Reformen zu praktisch jedem Bereich des Lebens in der Kolonie – von der Arbeitsweise der kolonialen Bürokratie bis hin zu der Anlage und Planung der Eingeborenendörfer – dienen sollte. Außerdem ordnete Toledo die Abfassung mehrerer Bücher zur Geschichte des Inkareiches an, die sich auf Gespräche mit Angehörigen des früheren Inka-Adels und mit Quipucamayoqs stützten.

Zu den Chroniken, die während seiner Herrschaftszeit oder kurz danach geschrieben wurden, gehörten Werke wie Sarmiento de Gamboas *Historia de los Incas* (1572), *Las Fabulas y Ritos de los Incas* (1575) des in Cuzco ansässigen Cristobal de Molina, sowie José de Acostas *Historia natural y moral de las Indias* (1590). Außerdem berücksichtigte auch Cabello de Balboas *Miscelánea Antárctica* (1586), eine exzellente Quelle über die Mythen der peruanischen Nordküste (das Gebiet der Chimú-Völker), Material zur Inkamythologie, das der Chronik Sarmiento de Gamboas entstammte.

Ein Motiv, welches in verschiedenen dieser Geschichtsbücher gleichermaßen vorhanden ist, war die Ansicht, dass es sich bei der Inkadynastie um ein tyrannisches Regime gehandelt habe, das mit arglistigen Mitteln in den Besitz der Herrschaft gelangt sei. Nach der Interpretation Toledos hatte sich die Inkaherrschaft nicht nur Missbräuche zuschulden kommen lassen, sondern war zudem illegitim. Solche Aussagen ermöglichten es den Europäern, die spanische Eroberung des Reiches zu rechtfertigen, da sie die Herrschaft eines angemaßten Adels (der Inka) durch die legitime Herrschaft der spanischen Krone ersetzt habe. Obwohl die Chroniken aus der Zeit Francisco de Toledos zu den frühesten, umfassendsten und bestinformierten Quellen gehören, die wir für die Erforschung der Inkamythen besitzen, ist es deswegen erforderlich, sie mit kritischem Bewusstsein und unter Berücksichtigung ihrer ideologischen und politischen Implikationen zu lesen.

Eine weitere wichtige, aber in mancher Hinsicht problematische Quelle zur Inkamythologie ist die Chronik des Mestizen Garcilaso de la Vega. Garcilaso wurde 1539 in Cuzco als Sohn der Inkaprinzessin Isabell Chimpu Ocllo und eines spanischen *conquistador* geboren, dessen Namen er erhielt. Bis zum Alter von einundzwanzig Jahren lebte Garcilaso in Cuzco, dann, 1560, reiste er nach Spanien, wo er den Rest seines Lebens verbrachte. Im Jahre 1602 begann er mit der Niederschrift seiner großen Geschichte des Inkareichs, die den Titel *Comentarios Reales de los Incas* (1609–17) führte. Dieses Buch stützt sich zum Teil auf Erinnerungen, zum Teil auf die Kompilation älterer, hauptsächlich aus der Zeit Toledos stammender Quellen und enthält zahlreiche Mythen, von denen etwa die Hälfte von anderen Autoren (vor allem von Blas Valera und José de Acosta) bestätigt wird, der Rest jedoch entweder in anderen Quellen nicht erwähnt ist oder von anderen Autoren mit beträchtlichen Abweichungen von den Versionen erzählt wird, an die sich Garcilaso erinnerte.

Ungefähr zu der Zeit, als der erste Teil von Garcilasos Chronik veröffentlicht wurde, entstand ein außerordentlich wichtiger Text zur Mythologie der Bewohner der Region von Huarochirí im zentralen Hochland von Peru. Dieses Werk wurde in Quechua verfasst und in mehreren Sprachen unter verschiedenen Titeln publiziert, in Spanisch als *Dioses y Hombres de Huarochirí* und erst 1991 in Englisch als *The Huarochirí Manuscript* (übersetzt von F. Salomon und G. L. Urioste). Offenbar wurde das Werk unter der Leitung des örtlichen Priesters, Pater Francisco de Avila, zusammengestellt, doch war sein Autor bzw. waren seine Autoren zweifellos Eingeborene aus der Gegend von Huarochirí. Das Buch ist eine unserer besten Quellen zu den in vorspanischer und frühkolonialer Zeit verbreiteten mythologischen Traditionen der Menschen in einer der früheren Provinzen des Inkareiches.

Ebenfalls etwa zur gleichen Zeit, als das Huarochirí-Manuskript niedergeschrieben wurde, entstand in Spanien ein Werk, das unter dem Titel *Relación de los Quipucamayoqs* (1608/1542) bekannt ist. Es wurde wohl 1608 im Auftrag eines gewissen Melchior Carlos Inca zusammengestellt, eines späten Prätendenten auf den Inkathron. Offenkundig mit dem Ziel, seinem Thronanspruch Nachdruck und Legitimität zu verleihen, nahm Melchior in den ersten Abschnitt seines Manuskripts mythisches Material über die Gründung der Inkadynastie auf, das einer Befragung entstammte, die

1542 in Cuzco vor dem Licenciado Vaca de Castro durchgeführt worden war. Als Informanten wurden vier ältere Quipucamayoqs befragt, die dem Inkakönig in der Zeit vor der Eroberung als Historiker gedient hatten. Diese Materialien gehören zu den ältesten Mythen über die Ursprünge des Inkastaates, die wir besitzen.

An dieser Stelle verdient ein weiterer spanischer Chronist Erwähnung, Antonio de la Calancha, dessen *Corónica moralizada del Orden de San Agustín en el Perú* (1638) wertvolle Informationen über Religion, Sitten und Mythen der Menschen des nordperuanischen Küstenlandes enthält.

Eine wichtige Neuerung, die die Aufzeichnung von Mythen aus Gegenden außerhalb Cuzcos im frühen 17. Jahrhundert betraf, waren Chroniken einheimischer, Quechua sprechender Autoren. Die erwähnenswertesten dieser Autoren sind Felipe Guaman Poma de Ayala und Juan de Santacruz Pachacuti Yamqui Salcamaygua.

Guaman Poma wurde in Huamanga in den zentralperuanischen Anden geboren. Er behauptete, sein Vater sei ein Provinzadliger gewesen, den der Inka Huascar als Abgesandten zu Francisco Pizarro nach Cajamarca geschickt habe. Guaman Poma erhielt von Geistlichen aus Huamanga und Umgebung eine fundierte religiöse Unterweisung und beteiligte sich sogar an der »Ausrottung« des einheimischen Götzendienstes im späten 16. und frühen 17. Jahrhundert. 1613 vollendete er sein monumentales Werk *Nueva Corónica y Buen Gobierno* (1583–1613), das auf seinen etwa tausend Seiten eine Beschreibung des Lebens in Peru vor, während und nach der Zeit der spanischen Eroberung bietet. Zusätzlich zum Text enthält das Buch fast vierhundert Illustrationen, die zu unseren besten Informationsquellen über die Kleidung der Inka, ihre Landwirtschaft und andere Charakteristika des Alltagslebens gehören. Es werden zudem auch Rituale und Zeremonien szenisch dargestellt, die an Orten durchgeführt wurden, die in manchen Ursprungsmythen erwähnt werden, so der Berg und die Höhle des ersten Königs der Inka. Obwohl Guaman Poma ein früher und eifriger christlicher Konvertit war, der glaubte, dass die Inkakönige ihre Untertanen zum Götzendienst verführt hätten, enthält seine Chronik viele wertvolle Informationen für das Studium der Inkamythen.

Juan de Santacruz Pachacuti Yamqui Salcamaygua war ein weiterer wichtiger eingeborener Autor. Er stammte aus der zwischen Cuzco und dem Titicacasee gelegenen Gegend von Canas und Canchis. Obwohl auch er aus der Sicht eines christlichen Konvertiten schrieb, brachte er etwas größere Sympathie für die Inka auf als Guaman Poma. In seinem Werk *Relación de Antiguedades deste Reyno del Pirú* (um 1613) erzählt Pachacuti Yamqui Mythen und teilt zahlreiche quasi-mythische/historische Fakten mit, die sich mit von anderen Autoren erzählten Mythen in Verbindung bringen lassen. Sein Werk ist in seinem Aufbau ausgesprochen eigenwillig und schwer verständlich, da er zahlreiche Wörter und grammatische Strukturen des Quechua verwendet, doch enthält es vieles, was für die Erforschung der Inkamythen von Interesse und Wert ist.

Der aus Spanien gebürtige Jesuitenpriester Bernabé Cobo kam 1599 nach Peru und verbrachte dort von wenigen Jahren abgesehen sein ganzes weiteres Leben. 1609 reiste er von Lima nach Cuzco; die folgenden zwanzig Jahre reiste und missionierte er in Südperu und Nordbolivien. Im Jahre 1653 stellte er sein großes Werk *Historia del Nuevo Mundo* fertig. Vor kurzem hat Roland Hamilton zwei Auszüge daraus in exzellenter englischer Übersetzung veröffentlicht: *History of the Inca Empire* (1983; Bücher 11 und 12 der *Historia*) sowie *Inca Religion and Customs* (1990; Bücher 13 und 14 der *Historia*). Cobo stützte sich stark auf ältere Chroniken, unter anderem auf die Werke von Polo de Ondegardo, Cristobal de Molina, José de Acosta und Garcilaso de la Vega. Viele der Forscher, die sich mit der andinen Kultur beschäftigen, halten ihn für einen unserer vertrauenswürdigsten Gewährsleute zur Geschichte der Inka. Und sicherlich ergaben die Mythen, die Beschreibungen staatlicher Zeremonien und die Berichte über die religiösen Vorstellungen und Praktiken der Inka, die er aus älteren Quellen zusammenstellte, die umfassendste und ausgewogenste Darstellung von den Lebensverhältnissen im Inkareich.

Eine letzte Gruppe von Schriften, die für das Studium der Inkamythen von Bedeutung ist, sind die so genannten *idolatrías* (»Abgöttereien«). Diese Dokumente entstanden hauptsächlich in der ersten Hälfte des 17. Jahrhunderts als Ergebnisberichte von Untersuchungen, die katholische Priester über ein Weiterleben seitens ihrer Kirche als Götzendienst betrachteter religiöser Praktiken unter der ländlichen Bevölkerung des Andengebiets anstellten. Die Priester verhörten sowohl die örtlichen Oberhäupter (*curacas*) als auch Heiler, »Hexen«, Wahrsager und andere religiöse Spezialis-

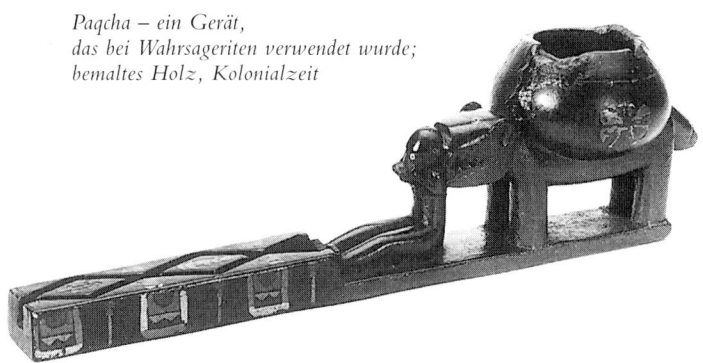

Paqcha – ein Gerät, das bei Wahrsageriten verwendet wurde; bemaltes Holz, Kolonialzeit

ten, um herauszufinden, ob noch immer die Mumien der Ahnen und heilige Orte wie Berge, Höhlen oder Quellen verehrt würden. Diese Dokumente sind gute Informationsquellen, wenn es darum geht, die Berichte über Mythen in den Kontext zu stellen, und beschreiben ähnliche Glaubensüberzeugungen und religiöse Praktiken der Inka, wie ältere Quellen sie uns berichten. Darüber hinaus sind die Idolatrías Zeugnisse für die anhaltende religiöse Verfolgung der einheimischen Männer und Frauen in den ländlichen Gebieten der Andenregion während der Kolonialzeit.

Die den Inkamythen gemeinsamen lokalen, staatlichen und kosmischen Themen

Eine besonders bestimmende Lebenstatsache in den vorkolumbianischen Anden war die große ethnische Vielfalt unter den Untertanen der Inka. Diese Vielfalt scheint zumindest zwei bedeutsame Folgen für die Gestalt und Substanz der im Reich verbreiteten Mythen gehabt zu haben. Zum Ersten war die vorhandene Vielfalt selbst erklärungsbedürftig. Warum unterschieden sich die Menschen so stark in ihrer Sprache, ihrer Kleidung, ihren Sitten und Gebräuchen? Hatten die nahen oder auch fernen Nachbarn, die so grundsätzlich verschieden waren, vielleicht andere Ursprünge? Oder entstammten alle Menschen des Reiches ein und demselben Ursprung?

Die Antworten auf Fragen solcher Art, die in den Inhalten der Mythen zu finden sind, ermöglichen uns, zwei ganz verschiedene Klassen von Ursprungsmythen zu unterscheiden. Auf der einen Ebene scheinen Völker in verschiedenen Teilen des Reiches auf der Besonderheit ihres individuellen Ursprungs bestanden zu haben; die Mythen, die aus diesen lokal verankerten Mythen und Ideologien erwuchsen, präsentieren eine Vielzahl von Schöpfergottheiten, von Ursprungsorten und Ursprungszeiten. Wir besitzen einige Dutzend derartiger Ursprungsmythen aus verschiedenen Teilen des Reiches, aus der Gegend des Titicacasees, aus dem nördlichen Küstenland sowie aus dem zentralen und nördlichen Hochland Perus. Wichtig daran ist, dass Mythen dieser Art in ausreichender Zahl vorhanden sind, um den Schluss zuzulassen, dass die Völkerschaften verschiedener Teile des Reiches ihre jeweiligen Ursprungsmythen und ihren besonderen Ursprungsort im Land als Bestandteil ihrer Ayllu-Identität oder ihrer ethnischen Gruppenidentität und ihrer Einheit betrachteten.

Für die spanischen Priester und Chronisten war diese Vorstellung vielfacher Ursprungsorte unverständlich. Bernabé Cobo zum Beispiel betrachtete die unterschiedlichen Ideen über Schöpfergötter und die vielen Versionen von Ursprungsmythen, die er in Peru antraf, schlicht als ein Ärgernis. Die Ursache, dass jene »blinden

Menschen« all diese unterschiedlichen Vorstellungen und Glaubensüberzeugungen besaßen, konnte seiner Ansicht nach nur darin bestehen, dass sie von dem einen, wahren Gott nichts wussten. Außerdem, so fügte er hinzu, »trägt dazu noch bei, dass sie keinerlei Schrift besitzen. Wenn sie über ein Alphabet verfügt hätten, wären sie vielleicht nicht auf so grobe Irrtümer verfallen«.

Juan de Betanzos, der hundert Jahre vor Cobo schrieb, führte die »Verwirrung« auf eine bösartigere Ursache zurück, nämlich den Teufel. Er formulierte es folgendermaßen: »Manchmal erklären sie [die Indios] die Sonne zum Schöpfer, dann wieder sagen sie, Viracocha sei der Schöpfer. Überall, im gesamten Land und in jeder Provinz ließ der Teufel sie in Verwirrung geraten. Überall, wo sich der Teufel zeigte, erzählte er ihnen tausend Lügen und betrügerische Behauptungen. So hielt er sie in Täuschung und Blindheit.«

Auf einer anderen Ebene schuf aber das hohe Ausmaß ethnischer Vielfalt innerhalb des gesamten Reiches offenkundig einen mächtigen Anreiz zur Erfindung von Mythen, die die unterschiedlichen Ayllus und ethnischen Gruppen auf ein einziges Ursprungsereignis in der Vorzeit zurückführten. Damit die unterschiedlichen Völkerschaften innerhalb des Reiches beginnen konnten, sich als Angehörige einer Gesellschaft zu begreifen, bedurfte es einer machtvollen Geschichte und eines machtvollen Bildes als Bindemittel, die ihre Geschichten aus einer gemeinsamen Vergangenheit in eine vereinigte Zukunft projizierten. Diese Tendenz, die von den politischen Interessen der staatlichen Bürokratie der Inka an der Förderung der Einheit innerhalb des Reiches motiviert war, spiegelte sich in Mythen wider, die eine enge Verbindung zwischen den Ursprüngen der Inkakönige und bestimmten Grundmerkmalen der Reichsorganisation herstellten, so zum Beispiel dem hierarchischen Aufbau der Sippen und Stämme. Um den Anspruch zu unterstützen, dass die imperialen Strukturen von einer übernatürlichen Kraft bzw. übernatürlichen Kräften festgelegt und sanktioniert worden waren, verbanden die Mythographen und Geschichtenerzähler der Inka den Ursprung der Inkakönige mit zwei mächtigen Gottheiten – einem Schöpfergott (beispiels-

weise Viracocha oder Pachacamac) und der Sonne – sowie mit einem Ursprungsort, Pacaritambo in der Nähe von Cuzco.
Auf der allgemeinsten und umfassendsten Ebene schließlich betrachteten die Andenvölker, auch die Inka, den Titicacasee und die Stätte von Tiahuanaco als den entscheidenden Ort, wo der Kosmos, die Sonne, der Mond, die Sterne und die Vorfahren der Menschen zuerst ins Dasein traten. Wir werden diese verschiedenen Aspekte der Ursprungsmythen der Inka – die lokalen, staatlichen und kosmischen – in den Mythen wiederfinden, denen wir uns jetzt zuwenden wollen.

Kosmische Ursprungsmythen

Die Ursprünge des Kosmos

Die Geschichte über den Ursprung der Welt, die von den Inkainformanten, vor allem in Cuzco, augenscheinlich am häufigsten erzählt wurde, betrachtete den Titicacasee als Zentrum. Die meisten Versionen dieses Ursprungsmythos beginnen mit der Aussage, dass am Anfang der Zeiten alles in Dunkelheit gehüllt war, da Sonne, Mond und Sterne noch nicht erschaffen worden waren. In dieser Dunkelheit der Ursprungsfrühe erschien der Schöpfer Viracocha, dessen Namen man als »Seefett« oder »Meeresschaum« deuten kann. In den verschiedenen Versionen jenes Mythos wird dieser Schöpfer als Con Ticci Viracocha, Thunupa Viracocha und Viracocha Pachayachachic bezeichnet. Wenn wir uns später den Mythen aus den Provinzen des Inkareichs zuwenden, werden wir außerdem von bestimmten Mythen der Meeresküste erfahren, in denen der Schöpfer Pachacamac (»Erschaffer der Erde / der Zeit«) heißt.

In jener Zeit und an jenem Ort der Dunkelheit, berichtet Betanzos, entstieg Viracocha als ein Herrscher dem Titicacasee und erschuf das erste Geschlecht der Menschen. Diese ersten Wesen, der Beschreibung einiger Chronisten zufolge eine Rasse von Giganten, lebten eine Zeit lang in der Dunkelheit, doch schließlich erzürnten sie Viracocha aus einem nicht näher bezeichneten Grund. Erbost und enttäuscht von ihnen, setzte Viracocha diesem ersten Zeitalter durch eine Flut ein Ende und verwandelte die Wesen in Stein. Als allen sichtbare Überreste jener ersten Zeit galten den

Der Titicacasee

Inka die Steinskulpturen, die auch heute noch in Tiahuanaco in der Nähe des Titicacasees stehen.
Nun machte sich Viracocha daran, eine neue Menschheit zu erschaffen. Er begann diesen zweiten Schöpfungsakt damit, dass er die Sonne, den Mond und die Sterne von einer Insel im Titicacasee zu sich berief. Die Inka unterhielten ein wichtiges Heiligtum, das Ziel einer jährlichen Pilgerfahrt, auf einer Insel des Titicacasees, von welcher sie behaupteten, sie sei die Insel der Sonne. Nachdem er die Himmelskörper erschaffen und in Bewegung gesetzt hatte, erschuf Viracocha die zweite Menschheit. In einer Erzählung dieser Schöpfungsgeschichte, die Betanzos überliefert, begann der Gott damit, einzelne Wesen aus dem Gestein an den Gestaden des Sees zu modellieren, das zu jener Zeit noch verformbar gewesen sei. Viracocha formte Figuren von Männern, Frauen (zum Teil schwangeren) und Kindern.
Cobo erzählt in seiner Version jenes Mythos, Viracocha habe, nachdem er diese Menschen geschaffen hatte, aus denen die ver-

Steinstatue aus Tiahuanaco

schiedenen Völker von Tahuantinsuyu hervorgehen sollten, »jeden mit der Kleidung bemalt, die seine Nation tragen sollte. Und außerdem gab er jeder Nation die Sprache, die sie sprechen sollte, die Lieder, die sie singen sollte, sowie die Nahrungsmittel, Samen und Gemüse, von denen sie sich nähren sollte.«

In der Version des Ursprungsmythos, die Cristobal de Molina überliefert, finden wir einen etwas abweichenden Bericht von der Art der Ereignisse am Anfang der Zeit. Molina beginnt damit, dass die Welt bereits bevölkert war. Dann kam eine große Flut, deren Wasser selbst die höchsten Bergspitzen bedeckt hätten. Die einzigen Überlebenden dieser Überschwemmung waren ein Mann und eine Frau, die, als sich die Fluten verliefen, bei Tiahuanaco an Land gespült worden seien. Viracocha erschien und gebot dem Paar, dort als *mitimaes* zu siedeln. (Als *mitimaes* wurden die Völkerschaften bezeichnet, welche die Inka aus ihrem jeweiligen Herkunftsgebiet an andere Stellen des Reiches umsiedelten.)

Molina erzählt dann weiter, dass sich der Schöpfer nach dem Ende der Flut daran machte, das Land neu zu bevölkern, indem er die Ahnen der verschiedenen Nationen aus Lehm formte und sie mit der Kleidung bemalte, die sie tragen sollten. Zu derselben Zeit, als Viracocha in Tiahuanaco dieses zweite Menschengeschlecht erschuf, erschuf er auch die Tiere des Landes und die Vögel, von jeder Art ein Männchen und ein Weibchen, wies allen Kreaturen ihr Wohngebiet und ihre Nahrung zu und gab jeder Vogelart ihren eigenen Gesang.

Viracocha behielt zwei seiner Geschöpfe bei sich am Titicacasee und schickte die anderen fort in das Innere der Erde. Nach Cristobal de Molina hießen die beiden Wesen, die in einigen Berichten als seine Söhne bezeichnet werden, Imaymana Viracocha und Tocapo Viracocha. Man hat die Wiederholung des Namens »Viracocha« als ein Bestimmungswort gedeutet, womit der Gottheit oder übernatürlichen Kraft, die damit bezeichnet wurde, die Rolle eines Schöpfergottes zugeschrieben wurde. Wir werden jenen beiden Söhnen des Con Ticci Viracocha später wieder begegnen.

Dass Viracocha diese neuen, aus Stein modellierten Menschen des zweiten Zeitalters von dem Ursprungsort am Titicacasee fortschickte, ermöglichte es, ihr (späteres) Auftauchen an einem bestimmten Ort des Landes Tahuantinsuyu, den die verschiedenen »Nationen«, die von diesen Ahnen abstammten, später als ihren jeweiligen Ursprungsort anerkannten, zu erklären. Die Ahnen wanderten in das Innere der Erde, um es später, auf Geheiß des Schöpfers, an der jeweiligen Quelle, Höhle oder dem sonstigen Ort ihres Ursprungs wieder zu verlassen.

Nachdem Viracocha in dieser Weise das Land mit den zukünftigen Ahnen der verschiedenen Völker des Reiches »bestellt« hatte, wandte er sich um Hilfe an seine beiden Söhne, die er früher geschaffen und bei sich behalten hatte. Er gab dem älteren der beiden Brüder, Imaymana Viracocha, den Auftrag, vom Titicacasee in nordwestlicher Richtung den Weg entlang des Waldes und der Berge zu nehmen; den jüngeren, Tocapo Viracocha, sandte er die Küstenstraße hinauf. Con Ticci Viracocha selbst wanderte nach Nordwesten auf dem Weg durch das zentrale Hochland, der zwischen den Reiserouten seiner Söhne lag.

Während die drei Schöpfer auf dieser urzeitlichen Schöpfungsreise durch das Land zogen, riefen sie die Ahnen der jeweiligen Völker, und diese traten aus den Quellen, Höhlen oder Berggipfeln heraus. Außerdem gaben die drei Viracochas auf ihrer Reise den Bäumen und Pflanzen der jeweiligen Gegend ihre Namen und legten fest, wann sie zu blühen und wann sie Früchte zu tragen hätten. Viracocha und seine Söhne reisten bis an den nordwestlichen Rand des Reiches und gelangten schließlich nach Manta an der Küste Ecuadors. Von dort gingen sie in gleicher Richtung weiter auf das Meer hinaus, wanderten über das Wasser und wurden nicht mehr gesehen.

Eine Triade der Anden? Oder die christliche Dreifaltigkeit?

Die Tatsache, dass die meisten Versionen der Ursprungsmythe vom Titicacasee den Schöpfer als Dreiheit (drei Viracochas) bezeichnen, hat einige Forscher zu der Vermutung gebracht, dass die Andenvölker ihren Schöpfungsmythos, ja sogar die Vorstellung von einem Schöpfergott, vom spanischen Katholizismus übernommen hätten. Diese Vermutung erhält weiteres Gewicht durch Aussagen in mehreren Chroniken, die den Schöpfer als einen großen, bärtigen und hellhäutigen Mann beschreiben. Der eingeborene Chronist Pachacuti Yamqui war fest davon überzeugt, dass der Schöpfer, den er unter den Namen Thunupa, Tarapaca und Thunupa Viracocha kannte, niemand anderer als der Apostel Thomas gewesen sei, während ein anderer einheimischer Chronist, Guaman Poma, Viracocha mit dem heiligen Bartholomäus identifizierte.

Es lassen sich in der Tat starke Argumente dafür anführen, dass die triadischen Elemente der Inkamythen auf spanische Einflüsse zurückzuführen sind. So liegt es zweifellos auf der Hand, dass viele Chronisten, die Inkamythen aufzeichneten, erfreut waren, Widerspiegelungen ihrer eigenen Glaubensvorstellungen in den Anden vorzufinden, und deshalb möglicherweise auch geneigt waren, derartige Bezüge in die Auskünfte ihrer Informanten hineinzulesen. Manche eingeborene Schriftsteller wie Guaman Poma de Ayala oder Pachacuti Yamqui, die das Christentum angenommen hatten, waren ebenfalls darauf bedacht, ihren spanischen Oberherren (und Lesern) vorzuführen, dass sie an den einen wahren Gott glaubten. Zudem behaupteten jene beiden eingeborenen Chronisten durchgängig, dass die Andenvölker den christlichen Gott schon vor der Ankunft der Spanier gekannt und das Christentum praktiziert hätten – abgesehen von denen, die sich von den Inkakönigen, die Abgötterei und den Kult der Ahnenmumien predigten, hätten verführen lassen.

Obwohl in dieser Zeit also eine Reihe von Interessen und Motiven zusammenkamen, die den Schluss nahe legen könnten, der Triadismus und die Schöpfungsgötter der Anden seien Produkte des spanisch-katholischen Einflusses, muss doch daran erinnert werden, dass »Triadismus« ein sehr allgemeines Konzept ist, das sich in zahlreichen Kulturen aus aller Welt finden lässt. Zudem wirkt die spezifische Ausformung des Dreigötterglaubens, der wir hier begegnen – ein Schöpfer/Vater, dem zwei Söhne helfend zur Seite stehen –, deutlich verschieden von den Merkmalen, welche die christliche Trinität kennzeichnen. Da uns Dokumente darüber fehlen, wie Schöpfergötter in der Inkagesellschaft vor der spanischen Eroberung aufgefasst wurden, werden wir die Frage, ob das Konzept der Schöpfertrias in den Anden autochthon ist oder aber unter spanischem Einfluss entstand, niemals mit ausreichender Gewissheit beantworten können.

Werke des Schöpfers in Cuzco und seiner Umgebung

In den Versionen des Ursprungsmythos, die Cieza de León und Juan de Betanzos in den fünfziger Jahren des 16. Jahrhunderts aufzeichneten, wurden die Ereignisse, die sich im zentralen Hochland zugetragen haben sollen, während Con Ticci Viracocha vom Titicacasee nach Nordwesten wanderte, mit besonderer Ausführlichkeit berücksichtigt. So erzählt Cieza, dass der Schöpfer, der das Aussehen eines großen weißen Mannes besaß, die Straße durch das Hochland nahm und auf dem Weg Kranke und Blinde allein durch sein Wort geheilt habe. Als Viracocha aber zu dem Dorf Cacha im Distrikt Canas (südöstlich von Cuzco) kam, hätten sich ihm die Menschen der Gemeinde in feindseliger Haltung und mit der Absicht genähert, ihn zu steinigen. Nach Betanzos' Bericht drangen sie auf Viracocha mit Waffen ein.
Viracocha fiel auf die Knie und erhob seine Hände gen Himmel, als erwartete er von dort Hilfe. Sofort erfüllte Feuer den Himmel, und die eingeschüchterten Bewohner Cachas traten zu Viracocha und erflehten von ihm Vergebung und Rettung. Das Feuer wurde gelöscht (Betanzos sagt, der Schöpfer habe ihm drei Schläge mit

seinem Stab versetzt), doch zuvor hatte es schon die Felsen in der Gegend verbrannt; große Blöcke wurden aufgezehrt und ihre Reste wurden so leicht wie Kork. Betanzos erzählt, er sei selbst nach Cacha gereist, um diesen mythischen Vorfall zu untersuchen. Er habe deutlich die versengte Erde gesehen, die als Spur dieser verheerenden Katastrophe zurückgeblieben sei.

Betanzos spricht ausführlich von den Auswirkungen der Taten, die der Schöpfer in Cacha und Umgebung vollbrachte. Die Menschen von Cacha hätten begonnen, den Ort, wo Viracocha erschienen sei, als einen heiligen Ort (*huaca*) zu betrachten. Sie errichteten an dieser Stelle eine große Steinskulptur in Gestalt eines Mannes und opferten dieser und dem *huaca* Gold und Silber. Betanzos beschreibt das spezifische Aussehen des Schöpfers in allen Einzelheiten; offenbar war diese Frage für ihn von besonderem Interesse. Er berichtet nicht nur, dass er selbst die Statue Viracochas gesehen habe, sondern auch, dass er sich bei Menschen in der Umgebung nach dem Aussehen des Schöpfers erkundigt habe. Betanzos erfuhr, Viracocha sei »ein großer Mann in einem weißen Gewand gewesen, das bis zu den Fußknöcheln herabfiel und an der Taille gegürtet war. Sein Haar war kurz, er hatte eine Tonsur wie ein Priester. Er ging barhäuptig und trug in seinen Händen etwas, das wie das Brevier eines heutigen Priesters aussah.« Betanzos berichtet, dass die Menschen in der Gegend von Cacha den Schöpfer mit dem Namen Contiti Viracocha Pachayachachic, »Gott, Schöpfer der Welt«, bezeichneten.

Betanzos setzt dann seinen Bericht von den Ereignissen fort, die während Viracochas Reise vom Titicacasee nach Nordwesten in Richtung Cuzco geschehen seien. Als Nächstes sei der Schöpfer nach Urcos gelangt, einem Ort ungefähr 33 Kilometer vor Cuzco. Dort angekommen, habe Viracocha den Gipfel eines hohen Berges erstiegen, sich auf die Spitze niedergelassen und die Ahnen der Völker, die zu Betanzos' Zeiten in dieser Gegend lebten, aus dem Gipfel des Berges zu sich berufen. Zum Gedenken an die Zeit, als der Schöpfer auf der Bergspitze saß, stellten die Leute von Urcos dort eine goldene Bank auf, auf die sie eine Statue Viracochas setzten. Nach Molina wurde das Bild Viracochas in Urcos *Atun-Vira-*

cocha (»großer Schöpfer«) genannt, die Statue zeigte einen Mann mit weißem, bis zu den Füßen reichenden Gewand.
Von Urcos aus wanderte Viracocha weiter nach Cuzco. Hier, an der Stelle, die später die Hauptstadt der Inka werden sollte, schuf er (oder berief aus der Erde) einen großen Herrscher namens Alcavicça. Dieser Name wird später wieder als der Name des eingeborenen Volkes in Erscheinung treten, das im Tal von Cuzco lebte, als die Inka dorthin kamen. Viracochas letzte Handlung, bevor er das Tal von Cuzco verließ, soll darin bestanden haben, dass er den *orejones* (»Großohren«) befahl, nach seinem Verschwinden aus der Erde herauszukommen. Orejones war eine Bezeichnung für den Inka-Adel, der auf den Brauch dieser Menschen zurückzuführen ist, die Ohrläppchen zu durchstechen und spulenförmige Ohrgehänge aus Gold zu tragen. Diese letzte Handlung Viracochas in Cuzco stellt (in Betanzos' Bericht) die Verbindung zwischen dem Ursprungsmythos vom Titicacasee und dem Ursprungsmythos der Inkakönige her.
Der Ursprungsmythos vom Titicacasee enthält mehrere Merkmale, die stark auf seine Ausrichtung nach Cuzco deuten und darauf hinweisen, dass seine Hauptaufgabe darin bestand, die dem Inkastaat zugrunde liegenden hierarchischen Strukturen zu rechtfertigen. Der Raum, den die mythischen Gestalten durchmessen, beginnt am Titicacasee und reicht in nordwestlicher Richtung bis an die Küste von Ecuador. Die detaillierteren Berichte über Begegnungen zwischen dem Schöpfer und den Menschen – die Erzählungen von den Begebenheiten in Cacha und Urcos – konzentrieren sich auf das Vilcanota, das Flusstal des Urubamba, das in nordwestlicher Richtung nahe Cuzco verläuft, sowie auf das Tal von Cuzco selbst. Die Mythen von den Ursprüngen der Welt, welche die Informanten in der Inkahauptstadt erzählten, entwarfen also eine lebenswichtige Verbindung zwischen dem Titicacasee, der Stätte einer der herausragenden Zivilisationen des Andenhochlands vor den Inka (Tiahuanaco), und Cuzco, der späteren Hauptstadt.
Die Ursprungsmythen, die wir bislang betrachtet haben, berücksichtigen merkwürdigerweise kaum die wichtigste geographische,

demographische und politische Aufteilung, die die Inkawelt, das Land von *Tahuantinsuyu* (»die vier vereinigten Viertel«), definierte. Besonders rätselhaft ist die Auslassung, die das Collasuyu genannte Viertel betrifft. Dieses Viertel des Reiches erstreckte sich von Cuzco aus in südöstlicher Richtung nicht nur bis zum Titicacasee, sondern reichte sehr viel weiter, es umfasste Zentral- und Südbolivien sowie den Nordwesten Argentiniens. Wenn das Werk der Schöpfung vom Titicacasee nach Nordwesten ausging, welchen Ursprungs waren dann die Völker Collasuyus, die südöstlich des Titicacasees lebten? Wurden die mächtigen Nationen und Völkerkonföderationen Boliviens (beispielsweise die QaraQara und die Charka) nicht zur selben Zeit und auf gleiche Weise erschaffen wie die Völker der anderen drei Viertel von Tahuantinsuyu? Wir besitzen keine Mythen, die uns die Nichtbeachtung dieses Reichsteils durch die Inka erklären. Eine Möglichkeit wäre, dass die Inka die Mythen Collasuyus übernahmen und sie umgestalteten – das heißt, vom Standpunkt Cuzcos aus neu erzählten –, um damit in ihren eigenen Ursprung die Macht und Legitimität einzubringen, die selbst in jener Zeit mit den mächtigen Königreichen und Konföderationen des heutigen Bolivien verbunden waren.

Einen Mythos, der eine Ursache für die Aufteilung der Inkawelt in vier Viertel zu Beginn der Zeit berichtet, überliefert Garcilaso de la Vega in seinen *Comentarios Reales de los Incas*. Garcilaso erzählt, dass, als sich die Wasser der Flut verliefen, ein Mann (dessen Name in diesem Mythos nicht genannt wird) in Tiahuanaco erschien. Dieser Mann sei so mächtig gewesen, dass er das Land in vier Teile sonderte und jedem Viertel einen eigenen König gab. Manco Capac erhielt den Norden, Colla den Süden, Tocay den Osten und Pinahua den Westen. Dieser in Tiahuanaco tätige »Schöpfer« habe den Königen befohlen, sich in die ihnen zugewiesenen Viertel zu begeben und die dort ansässigen Völker zu unterwerfen und zu regieren.

An diesem Punkt mag es sinnvoll sein, einige Schlüsselelemente in den bislang dargestellten Mythen zusammenzufassen. Diese repräsentieren das Kernstück, die paradigmatischen Ideen, Ereignisse und Beziehungen, welche wir mit verblüffender Regelmäßigkeit auch in den Mythen anderer Orte des Reiches wieder finden werden, vor allem entlang des Andengrats, der von Bolivien nordwärts nach Ecuador verläuft. Aufgrund ihrer weit gestreuten zeitlichen und räumlichen Verbreitung ist es durchaus möglich, dass sie autochthone – das heißt vorkoloniale – Konzepte und Themen repräsentieren, die den mythologischen Traditionen innerhalb des gesamten Reiches Gestalt und Einheit gaben.

Das erste paradigmatische Element ist die Vorstellung, dass die gesamte Menschheit (zumindest innerhalb des Inkareiches) ihren Ursprung am Titicacasee hatte, wo sie ein Schöpfer, der zumeist als Viracocha bezeichnet wird, ins Dasein rief. Zum Zweiten führte jede besondere Gruppe von Menschen eines bestimmten Gebiets – sei es als »Nation«, Ayllu oder Familie – ihren spezifischen Ursprung auf einen einzigen bestimmten Ort ihrer Gegend, eine Quelle oder Höhle, zurück. An diesem Ort, der als *huaca* (»heiliger Ort«) betrachtet wurde, wurden für das Wohlergehen der Gruppe als Gesamtheit Opfer dargebracht. An dieser Stelle konnten auch die mumifizierten Ahnen der Gruppe gelagert und verehrt werden. Das dritte paradigmatische Element ist ein komplementäres Verhältnis kooperativer oder (vorwiegend) konfliktreicher Art zwischen dieser am jeweiligen Ort autochthonen Gruppe und einer Gruppe von Außenstehenden, die in der Vergangenheit als Eroberer auf dem Schauplatz erschienen sein sollen. Das daraus entstandene Verhältnis zwischen den Ortsansässigen und den Zuwanderern ist für das politische Leben innerhalb des von den beiden Gruppen bevölkerten Territoriums konstitutiv. Das letzte paradigmatische Element ist das Prinzip des Ranges, der Hierarchie, das alle Beziehungen zwischen den Menschen, Orten und Geschichten in der ganzen Landschaft prägt. Wie wir noch sehen werden, finden sich diese paradigmatischen Elemente mit bemerkenswerter Regelmäßigkeit in den Mythen aller Teile des Reiches. Zunächst aber wollen wir ein anderes Thema betrachten, welches den kosmischen Vorstellungen der kolonialzeitlichen Kommentatoren, die über die Inka berichteten, zugrunde lag.

Pachacuti: Zyklen der Schöpfung und Zerstörung in Mythen über die Weltalter

Ein zentrales Konzept im kosmogonischen Denken der Inka und der kolonialzeitlichen Quechua- und Aymara-Völker war die Vorstellung von regelmäßig wiederkehrenden Zerstörungen und Wiedererschaffungen der Welt. Diese Vorstellung zeigt sich in den Mythen allgemein in einer Zyklizität der Abfolge der Ereignisse in mythischen Zeiten. Jenes zyklische Konzept wird mit dem Quechua-Wort *pachacuti*, der »Umkehrung« (*cuti*) von »Zeit und Raum« (*pacha*), zusammengefasst. Der Begriff findet sich häufig in den Berichten der Chronisten über zahlreiche mythische Episoden der Vernichtung der Bewohner der Welt und ihre Ersetzung durch ein neues Menschengeschlecht, wie wir bereits aus einigen Versionen des Ursprungsmythos vom Titicacasee wissen. Dieses Motiv ist in dem Korpus der Inkamythen, die während der Kolonialzeit gesammelt wurden, sehr gut vertreten. Einige der besten Beispiele verdanken wir der *Nueva Corónica y Buen Gobierno* des Guaman Poma de Ayala.

Guaman Pomas Version der Weltzyklen aus der Mitte des 17. Jahrhunderts spricht von einer Abfolge von fünf Weltaltern. Aus Vergleichen mit anderen Versionen wird deutlich, dass dies das allgemein in der Kosmologie der Inka und der Andenvölker verbreitete Schema war. Jedes dieser Weltalter wurde als eine »Sonne« bezeichnet und jede »Sonne« umfasste tausend Jahre.

Nach Guaman Poma begann das erste Weltalter in dunkler Urzeit mit einem Menschengeschlecht, das als *Wari Wiracocharuna* bezeichnet wurde. Das Wort *wari* bezieht sich auf ein Neuweltkamel, eine Kreuzung zwischen Lama und Alpaka; *runa* ist das Quechua-Wort für »Volk«. Guaman Pomas Erläuterung für diesen Namen lautet: das Volk aus der Zeit der Arche Noahs, das von den Spaniern herstammt (»Viracocha« nannten die eingeborenen Andenvölker nicht nur den Schöpfer, sondern auch die europäischen Eroberer). Die Menschen des ersten Weltalters besaßen nur rudimentäre Technologien. Sie trugen Kleidung aus Blättern oder anderen unverarbeiteten pflanzlichen Materialien. Guaman Poma führt aus,

die Wari Wiracocharuna hätten zunächst Gott angebetet, dann aber den Glauben verloren und begonnen, die Schöpfungsgötter der Anden zu verehren, darunter zwei Formen des Viracocha – Ticci Viracocha und Caylla Viracocha – sowie den Pachacamac. Wie das erste Weltalter endete, erzählt Guaman Poma nicht.
Das zweite Menschengeschlecht, die *Wari Runa*, war bereits fortgeschrittener als das erste. Die Wari Runa kleideten sich in Tierfelle. Sie besaßen einen primitiven Ackerbau und lebten einfach und in Frieden. Sie betrachteten Viracocha als ihren Schöpfer. Das zweite Weltalter endete in einer Überflutung.
Das dritte Weltalter war das der *Purun Runa* (»wilden Menschen«). Die Zivilisation gewann an Komplexität; die Menschen dieses Zeitalters besaßen Kleidung aus gesponnener und gefärbter Wolle, sie betrieben Acker- und Bergbau und fertigten Schmuck an. Die Bevölkerungszahl stieg über das bisherige Maß hinaus an, so dass Menschen in das bis zu diesem Zeitpunkt unbesiedelte Tiefland auswanderten. Die Konflikte wuchsen, es gab Kriege. Jede Stadt hatte ihren eigenen König und das gesamte Volk betete Pachacamac als Schöpfer an.
Das vierte Weltalter war das der *Auca Runa*, der »kriegerischen Menschen«. In einigen Passagen deutet Guaman Poma an, dass die Frühzeit des Inkareichs diesem Weltalter angehörte, doch anderswo weist er die Inka dem fünften Weltalter zu. Im Zeitalter der Auca Runa war die Welt in vier Teile unterteilt. Die Zahl der kriegerischen Auseinandersetzungen wuchs und die Menschen wohnten auf den Berggipfeln in Steinhäusern und Befestigungsanlagen, den *pucaras*. In diesem Zeitalter wurde die Einteilung in Ayllus gebräuchlich und in der Verwaltung wurde das Dezimalprinzip eingeführt. Generell waren die technologischen und materiellen Lebensbedingungen gegenüber dem davor liegenden Zeitalter entschieden weiter entwickelt und komplexer geworden. Guaman Poma sagt nicht, wie dieses Zeitalter endet.
Das fünfte Weltalter (bzw. die »fünfte Sonne«) war das der Inka. In seiner Chronik gibt Guaman Poma eine Beschreibung der wichtigsten Institutionen des Inkareiches, darunter der Institution des Königtums, der nach dem Dezimalprinzip organisierten Bürokratie, der Altersklassen der Bevölkerung und der religiösen

Die vier ersten Weltalter nach der Nueva Corónica y Buen Gobierno *des Guaman Poma de Ayala*

Organisation des Reiches. In religiöser Hinsicht hätten die Inka begonnen, die, wie er sie nennt, *guaca bilcas* zu verehren, die übernatürlichen Wesen, die nach Guaman Poma die »Dämonen Cuzcos« waren. Das fünfte Zeitalter endete selbstverständlich mit der spanischen Eroberung.

Dieser kurze Überblick über Guaman Pomas Konstruktion der fünf Weltalter oder »Sonnen« lässt viele Details des in der Tat vielschichtigen und recht verwirrenden Berichts aus. Der Chronist vermischte offenbar einheimische Elemente mit vielen christlichen Symbolen und Einstellungen. Zu den einheimischen Elementen gehören die Schöpfergötter Viracocha und Pachacamac, die wir schon kennen gelernt haben; Institutionen wie die Ayllus und die Dezimalorganisation, die im Andengebiet über einen langen Zeitraum bezeugt sind; sowie die generelle mythische Struktur, die

um die Vorstellung einer Abfolge von Pachacutis – Weltschöpfungen und Weltvernichtungen – aufgebaut ist. Wie wir später sehen werden, lebt dieses Konzept in den zeitgenössischen Andenmythen weiter, insbesondere in jenen, die von dem Ende der bestehenden Welt und der Wiedereinsetzung der Inka als der rechtmäßigen Herrscher des Landes handeln.

Diese Bemerkungen und die Beschreibung des Ortes der Inka in der Abfolge der fünf Weltalter führen zu der Frage: Wer waren die Inka? Woher kamen sie? Antworten auf diese Fragen waren von lebenswichtigem Interesse nicht nur für die Inka selbst, sondern auch für die spanischen Chronisten, die sich bemühten, der für sie verwirrenden Abfolge der Ereignisse zu Beginn der Zeit, welche die andinen Weltursprungsmythen berichteten, einen Sinn abzugewinnen.

Die Ursprungsmythen des Inkastaates

In seinem Bericht über den Ursprung der Inka macht der Jesuitenpriester Bernabé Cobo schon früh auf die Tatsache aufmerksam, dass die Inka sich anders als andere Dynastien oder ethnische Gruppen des Andengebietes – vielleicht weil ihnen die damit verbundene politische Gefahr bewusst war – nicht mit der Lage zufrieden geben wollten, dass jede lokale Gruppe ihren eigenen Ursprungsort besaß, jeder gleich wichtig wie der andere. Für sie war ihr Ursprungsort ein besonderer und alle anderen einschließender. Cobo schreibt: »Die Ursache, weshalb die Völker Perus dahin kamen, so viel Unsinn über ihren Ursprung zu glauben, war der Ehrgeiz der Inka. Sie als erste verehrten die Höhle von Pacaritambo als den Ursprung ihrer Dynastie. Sie behaupteten, alle Menschen stammten von dort her und deswegen seien alle Übrigen ihre Untertanen und ihnen zum Dienst verpflichtet.« Zweifellos aber hatten die Inka andere Ambitionen, wenn sie ihren Mythos vom Ursprung aus der Höhle von Pacaritambo erzählten.

Der Ursprungsmythos der Inka, der sich um Pacaritambo rankt, lässt sich folgendermaßen skizzieren: An einem Ort südlich von Cuzco namens Pacaritambo gab es einen Berg Tambo T'oco (»Fensterhaus«), der drei Fenster bzw. Höhlen besaß. Die Ahnen der Inka, eine Gruppe von vier Brüdern und vier Schwestern, traten aus dem mittleren Fenster. Die Hauptperson dieser Gruppe war Manco Capac, der spätere Begründer des Königreiches. Gemeinsam mit den Menschen, die um den Tambo T'oco wohnten, brachen die Inka auf, um fruchtbares Land zu suchen, auf dem sie ihre Hauptstadt errichten konnten. Nach einer langen Zeit des

Umherziehens gelangten sie schließlich zu einem kleinen Berg, von dem man das Tal von Cuzco überblickte. An Zeichen und Wundern erkannten die Inka, dass dies die Heimat war, die sie so lange gesucht hatten. Sie stiegen von dem Berg herab und nahmen den dort Ansässigen das Tal ab.
Bei der Darstellung des Ursprungsmythos der Inka stütze ich mich hauptsächlich auf die Version in der *Historia de los Incas* des Sarmiento de Gamboa von 1572. Sarmientos Bericht bietet eine der frühesten und ausführlichsten Varianten. Als offizieller Historiker Francisco de Toledos, des vierten Vizekönigs von Peru (1569–81), hatte Sarmiento den Auftrag, eine wahre Geschichte des Inkareiches zusammenzustellen. Bei der Durchführung dieser Aufgabe konnte Sarmiento auf eine ungewöhnlich große Anzahl von Gewährsleuten zurückgreifen. So berichtet er, dass er mehr als hundert Quipucamayoqs zu geschichtlichen Tatsachen befragte, und nennt die Namen von zweiundvierzig dieser Informanten. Außerdem, berichtet Sarmiento, habe er diesen zweiundvierzig Abkömmlingen des Inka-Adels seine Darstellung vollständig in Quechua vorlesen lassen. Alle diese Männer hätten, so Sarmiento, bestätigt, dass »die besagte Geschichte gut und wahr war und dem entsprach, was sie wussten und was sie von ihren Eltern und Vorfahren gehört hatten, die dies wiederum von ihren [Eltern und Vorfahren] erfahren hatten«. Wie wir sehen werden, gehört vieles von dem, was Sarmiento als »wahre Geschichte« aufzeichnete, in den Bereich, den wir üblicherweise als Mythologie zu bezeichnen pflegen.
Nach Sarmiento lag der Ursprung der Inka an einem Ort ungefähr 33 Kilometer südlich von Cuzco, der Pacaritambo (»Herberge oder Haus der Morgenfrühe« oder »Ursprungsort«) genannt wurde. In der Vorzeit gab es bei Pacaritambo den Berg Tambo Toco (»Haus der Öffnungen, Fenster«) mit drei Fenstern bzw. Höhlen. Das mittlere Fenster hieß Capac Toco (»reiches Fenster«), die beiden seitlichen hießen Maras Toco und Sutic Toco. Aus den beiden Seitenfenstern kamen zwei verschiedene Indiovölker, die sich mit den Inka verbanden. Aus dem Maras Toco traten die Maras, aus dem Sutic Toco die Tambos (deren wichtigste Familie den Zu-

Die Ursprungsmythen des Inkastaates 67

*Das Herrscherpaar der Inka
bei der Verehrung der
Ursprungshöhle des Tambo Toco
nahe Pacaritambo*

namen Sutic geführt zu haben scheint). Aus dem mittleren Fenster, Capac Toco, traten die Ahnen der Inka. Sarmiento erzählt, alle drei Völkergruppen seien auf Geheiß Ticci Viracochas aus den Höhlen, oder Fenstern, des Tambo Toco zur Welt geboren worden.

Aus dem mittleren Fenster des Tambo Toco kamen vier Männer und vier Frauen, die laut Sarmiento Geschwister waren. Betanzos berichtet, dass diese Ahnen zu Ehepaaren verbunden wurden. Die Namen dieser acht Geschwisterahnen lauten bei Sarmiento (nach Alter und Rang geordnet):

Brüder/Ehemänner	**Schwestern/Ehefrauen**
Ayar Manco (Capac)	Mama Ocllo
Ayar Auca	Mama Huaco
Ayar Cachi	Mama Ipacura/Cura
Ayar Uchu	Mama Raua

»Ayar« ist von dem Quechua-Wort *aya*, »Leiche«, abgeleitet. Das Wort schafft die Verbindung zwischen den Ahnen als mythologischen Figuren und den mumifizierten Überresten der Inkakönige, die in einem besonderen Raum des Sonnentempels zu Cuzco aufbewahrt und verehrt wurden. Außerdem bezeichnete dasselbe Wort auch die Wildform der *quinua*-Pflanze, einer in den Hochlagen der Anden angebauten Getreidesorte.

Bemerkenswert ist, dass alle Berichte über die Ayars erzählen, die Ahnen seien bei Pacaritambo aus dem Tambo Toco hervorgetreten. Hingegen lesen wir bei Martín de Murúa und Guaman Poma de Ayala, die Ahnen seien ursprünglich auf unterirdischen Wegen vom Titicacasee zu der Höhle von Pacaritambo gelangt. Und Garcilaso de la Vega nahm in seine Chronik jenen Ursprungsmythos der Inka auf, der Manco Capac und Mama Ocllo mit der Insel der Sonne im Titicacasee in Verbindung brachte.

Nachdem die Ahnen den Tambo Toco verlassen hatten, verbanden sie sich mit dem Indiovolk der Tambos und beabsichtigten, mit ihnen auf die Suche nach fruchtbarem Land zu gehen. Sie gelobten, wenn sie gutes Land fänden, die dort ansässige Bevölkerung zu unterwerfen. Sarmiento schildert diese Ereignisse folgendermaßen:

»Und nachdem sie sich über diesen [Plan der Eroberung] geeinigt hatten, begannen die acht [Ahnen] das Volk anzustacheln, das in jenem Teil des Gebirges lebte, und sie versprachen, sie [die Ahnen der Inka] würden die Leute reich machen und ihnen als Belohnung die Länder und Besitztümer geben, die sie eroberten und unterwarfen. Da Interesse an diesem [Vorschlag] bestand, wurden zehn Gruppen oder Ayllus gebildet, was bei diesen Barbaren Geschlechter oder Zweckgemeinschaften bezeichnete.«

Die zehn Ayllus der Tambo-Indios, die am Tambo Toco gegründet wurden, sollten später die Hauptgruppen der gewöhnlichen Leute in der Inkastadt Cuzco stellen. In der gesellschaftlichen Gliederung der Inkahauptstadt gab es darüber hinaus zehn königliche Ayllus, die *panacas*, die ihre Abkunft auf die ersten zehn Könige zurückführten. Kurz nach ihrer Erschaffung oder ihrem Hervortreten aus dem Tambo Toco setzten sich die acht Ahnen mit ihrem

Gefolge – den zehn Ayllus der Tambos – in Marsch und zogen nordwärts in Richtung auf das Tal von Cuzco. Auf dem Weg prüften die Ahnen immer wieder den Boden, indem sie einen goldenen Stab, den sie vom Tambo Toco mitgenommen hatten, in die Erde steckten. Sie suchten nach fruchtbarem Land, auf dem sie sich niederlassen konnten.

Auf ihrem Weg nach Cuzco verweilten die Ahnen an mehreren Stellen. Während der ersten dieser Ruhepausen zeugte der älteste Bruder Ayar Manco (der später Manco Capac genannt wurde) mit seiner Schwester/Frau Mama Ocllo ein Kind. Beim zweiten Halt gebar Mama Ocllo einen Knaben, den sie Sinchi Roca nannten. Dieses Kind sollte seinem Vater Ayar Manco als zweiter König von Cuzco nachfolgen. In Betanzos' Fassung des Inka-Ursprungsmythos heißt es hingegen, Sinchi Roca sei in Cuzco geboren worden, nachdem die Ahnen die Stadt erreicht und erobert hatten. Von jenem zweiten Halt (in der Version Sarmientos) zog die

Manco Capac,
der erste König der Inka

Gruppe weiter zu einem Ort namens Palluta, wo sie einige Jahre blieb. Doch das Land dort befriedigte ihre Wünsche nicht und so entschlossen sie sich zum Weiterziehen. Die Ahnen und ihre Gefolgsleute kamen dann zu dem Ort Haysquisrro. Hier kam es zu einem folgenschweren Ereignis, durch das einer der Ahnen von der Gruppe getrennt wurde.

In verschiedenen Versionen des Inka-Ursprungsmythos heißt es, Ayar Cachi sei allgemein als ein ungestümer, rauflustiger und gewalttätiger Mann bekannt gewesen; auch war er im Umgang mit der Schleuder gewandt. Cieza berichtet, dass Ayar Cachi mit seiner Schleuder Steine mit solcher Kraft zu schießen vermochte, dass er Berge spalten konnte, wobei Felsbrocken und Staub bis zu den Wolken emporgewirbelt wurden. Überdies sorgte Ayar Cachi an allen Orten, durch die die Ahnen kamen, für Schwierigkeiten, und er störte den Frieden und die Harmonie zwischen den Ahnen und ihren Verbündeten. Sarmiento erzählt: »Die anderen Geschwister fürchteten, dass Ayar Cachi mit seinem schlechten Benehmen und seinen Hinterhältigkeiten das Volk, welches mit ihnen zog, aufbringen und ihnen entfremden würde, so dass sie [die Ahnen] schließlich allein gelassen werden könnten.«

Dieser Sorgen wegen ersannen die Ahnen unter Führung Ayar Mancos eine List, um sich dieses lästigen Charakters zu entledigen. Manco erklärte Ayar Cachi, sie hätten verschiedene Sachen in der Ursprungshöhle am Tambo Toco vergessen, darunter einen goldenen Becher (*topacusi*), Saatgut und einen Gegenstand, der als *napa* bezeichnet wurde. Letzterer war nach Sarmiento ein »Zeichen für Adel« in Gestalt eines kleinen Lamas. (Molina gibt zahlreiche Beispiele für Zeremonien in Cuzco, während derer kleine, aus Gold und Silber hergestellte Abbilder von Lamas öffentlich zur Schau gestellt und verehrt wurden.) Zunächst weigerte sich Ayar Cachi, zu der Höhle zurückzukehren. Doch Mama Huaco, die stärkste und kriegslustigste der Schwestern (und, nach Betanzos, die Frau des Ayar Cachi), sprang auf und begann, Ayar Cachi auszuschimpfen, und nannte ihn einen jämmerlichen Feigling. Durch Mama Huacos Worte beschämt, fand sich Ayar Cachi bereit, zu der Höhle zurückzugehen.

Die Ursprungsmythen des Inkastaates 71

Mama Huaco

Bei dieser Rückreise wurde Ayar Cachi von einem Tambo namens Tambochacay (»Tambo Eingangsschließer«) begleitet. Ayar Cachi wusste nicht, dass seine Geschwister diesen Mann überredet hatten, ihn als lästigen Störenfried zu beseitigen, sobald die Höhle erreicht war. Am Tambo Toco angekommen, ging Ayar Cachi in die Höhle, um die vergessenen Gegenstände zu holen. Augenblicklich verschloss Tambochacay die Höhle mit einem mächtigen Felsblock, so dass Ayar Cachi für alle Zeiten gefangen blieb.
Nachdem sie sich Ayar Cachis entledigt hatten, gelangten die Ahnen zu dem Ort Quirirmanta am Fuß des Berges Huanacauri in der unmittelbaren Nähe des Tals von Cuzco. Sie bestiegen den Huanacauri und erblickten zum ersten Mal das Tal von Cuzco. Die Ahnen schleuderten den goldenen Stab, mit dem sie den Boden prüften, in das Tal hinab und sahen, dass der gesamte Schaft im Erdreich versank. Aus diesem Zeichen und einem Regenbo-

Blick vom Gipfel des Huanacauri in das Tal von Cuzco

gen, der sich über das Tal wölbte, erkannten sie, dass dies die so lange gesuchte Wohnstätte war, und bereiteten sich auf den Abstieg in das Tal vor.
Zu diesem Zeitpunkt wurde Ayar Uchu, der jüngste der Ahnen-Brüder, auf dem Berg Huanacauri in Stein verwandelt. In der Version des Mythos, die Betanzos überliefert, heißt es, Ayar Uchu habe sich vor dieser Verwandlung auf dem Berg aufgerichtet, ein Paar große Schwingen ausgebreitet und sei von der Bergspitze in den Himmel geflogen. Als er zurückkehrte, erzählte er, er habe mit dem Sonnengott gesprochen. Dieser habe ihm gesagt, Ayar Manco solle künftig Manco Capac (»der sehr Reiche«) heißen und die Gruppe solle den Weg nach Cuzco fortsetzen. Dort, so erzählte Ayar Uchu, würden die Inka an dem Ort, wo Alcavicça seine Siedlung hatte, gute Gesellschaft finden. Nachdem Ayar Uchu diese Worte gesprochen hatte, wurde er in Stein verwandelt. Die Inka verehrten diesen Stein später als eine ihrer wichtigsten heiligen Stätten (*huacas*).

Die Ursprungsmythen des Inkastaates

Die übrig gebliebenen sechs Ahnen begaben sich vom Huanacauri an einen Ort namens Matao, wo sie nach Sarmientos Darstellung zwei Jahre blieben. Betanzos berichtet von einem Ereignis, das sich ungefähr zu diesem Zeitpunkt der Reise der Ahnen an einem nicht mit Namen genannten Ort (möglicherweise Matao?) in der Nähe von Cuzco ereignet haben soll, der für seine Coca- und *aji*-Pflanzen (Chili) berühmt war. Hier erschlug Mama Huaco, die sehr gut mit der Wurfschleuder umzugehen verstand, einen Mann aus jenem Ort mit einem Stein aus ihrer Schleuder. Sie spaltete seinen Brustkorb, riss Lungen und Herz heraus, blies die Lungen auf und hielt sie den Einwohnern der Stadt entgegen. Die Menschen flohen vor Entsetzen, und die Ahnen rückten gegen Cuzco vor.

Dort angekommen, gingen sie zu Alcavicça und sagten ihm, ihr Vater, die Sonne, habe sie geschickt, um die Stadt in Besitz zu nehmen. Alcavicça und seine Leute fügten sich dieser Forderung und überließen den sechs Ahnen ihre Wohnsitze. Danach nahm Manco Capac Maiskörner, die er aus der Höhle des Tambo Toco mitgebracht hatte, und legte mit Hilfe Alcavicças und der anderen Ahnen das erste Maisfeld im Tal von Cuzco an. Molina liefert einen interessanten Bericht von dieser abschließenden Handlung, mit der die Inka das Tal von Cuzco »zähmten«, indem sie dort ihre Felder anlegten. Er erklärt, dieses Feld sei zuerst nicht von Manco Capac, sondern von Mama Huaco, einer der Ahnenschwestern, bestellt worden. Nach ihrem Tod sei ihr Körper einbalsamiert und mumifiziert worden; die Menschen, deren Aufgabe es war, ihre Mumie zu bewahren, stellten *chicha* (vergorenes Maisbier) aus dem Mais her, der jedes Jahr auf jenem Feld wuchs; dieses Maisbier erhielten diejenigen, die den Kult um die Mumie von Mama Huaco pflegten.

Gefäß der Inkazeit, zusammengesetzt aus den Formen eines Aryballos, eines Maiskolbens und eines Grabstocks

Als Manco Capac und seine Begleiter schließlich den Ort erreichten, der das Zentrum der Stadt Cuzco werden sollte, den Platz Huanaypata, wurde Ayar Auca – der letzte übrig gebliebene Ahnenbruder neben Manco Capac – in einen Steinpfeiler verwandelt. Dieser Pfeiler wurde seit jener Zeit als eine Huaca verehrt. Somit blieben nur noch Manco Capac, seine vier Schwestern und der Knabe Sinchi Roca, um die Stadt Cuzco zu gründen und zu errichten.

Fassen wir zusammen: In den Versionen des Gründungsmythos der Inka, wie sie Sarmiento, Betanzos und andere Chronisten überliefern, treffen wir auf die verschiedenen Motive, die wir früher als die »paradigmatischen Elemente« der im Reich verbreiteten Ursprungsmythen bezeichnet haben. Die Ahnen, die zu Anfang auf unterirdischen Wegen vom Titicacasee kamen, hatten ihren besonderen Ursprungsort in der Höhle des Tambo Toco bei Pacaritambo. Diese Höhle, in der einer der Ahnen, Ayar Cachi, sein Grab fand, war in der Inkazeit eine wichtige Huaca und Pilgerstätte. (Die Ruinen dieser Stätte heißen heute Mauqallaqta, »alte Stadt«.) Die Ahnen zogen von ihrer Ursprungshöhle in das Tal von Cuzco, wo sie, das ortsansässige autochthone Volk unter der Führung Alcaviçças unterwerfend, das grundlegende hierarchische politische Ordnungsgefüge zwischen fremden Eroberern und lokalen Unterworfenen schufen, das die Beziehungen zwischen den Inka der Hauptstadt und den lokalen Völkern überall im Reich von dieser Zeit an charakterisieren sollte.

Lag dem Inkastaat ein Betrug zugrunde?

Bevor wir uns weiteren mythischen Ereignissen zuwenden, die sich in Cuzco nach der Eroberung des Tals durch Manco Capac zugetragen haben sollen, ist es geboten, zunächst eine andere Überlieferung vom Ursprung der Inka in Pacaritambo zu betrachten, welche die Motive der Inka als deutlich bösartiger und verlogener darstellt. Die Grundtendenz dieser Version der Geschichte lautet, dass die Ayar-Geschwister untereinander beschlossen, die

Die Stätte Mauqallaqta, das Pacaritambo der Inkazeit (links)

Bewohner des Tals von Cuzco durch einen Betrug davon zu überzeugen, sie (die Ahnen der Inka) seien von der Sonne herabgekommen. Manco Capac fertigte zu diesem Zweck zwei Platten aus Gold an (oder ließ sie anfertigen), die er sich auf Brust und Rücken schnallte. In dieser Montur stellte er sich bei Sonnenaufgang auf den Berg Huanacauri oberhalb Cuzcos und erschien den Betrachtern so als eine prächtige, gottähnliche Gestalt. Die Einheimischen wurden in ehrfürchtige Scheu versetzt; Manco stieg vom Huanacauri nach Cuzco hinab und bemächtigte sich der Herrschaft über das Tal.

Diese Geschichte wird in verschiedenen Quellen unterschiedlich dargestellt. In manchen wirkt der »Trick«, mit dem die Ahnen die ortsansässige Bevölkerung blendeten, ausgesprochen schlau (das gilt etwa für die Fassung bei Martín de Murúa), in anderen hingegen hat dieser Betrug einen entschieden bösartigen Unterton, der insinuiert, die gesamte Herrschaft der Inka sei aufgrund dieser

Tat, durch die das Volk getäuscht wurde, illegitim gewesen. In dieser Hinsicht ist ein Bericht über den Ursprung der Inka besonders erwähnenswert, der zu den Aussagen gehört, die etwa 1542, also nur zehn Jahre nach der spanischen Eroberung, in Cuzco vor Vaca de Castro gemacht wurden. Diese Darstellung findet sich in der *Relación de los Quipucamayoqs*, der Zusammenfassung der Aussagen von vier älteren Quipucamayoqs, von denen zwei angeblich aus Pacaritambo gebürtig waren. Die Variante, die offenkundig von jenen beiden Männern erzählt wurde, hat folgenden Inhalt:

Manco Capac war der Sohn eines *curaca* (eines lokalen Beamten und Oberhaupts eines vornehmen Geschlechts) aus Pacaritambo. Mancos Mutter war bei seiner Geburt gestorben und der Knabe wuchs bei seinem Vater auf. Als Manco noch ein kleiner Junge war, rief ihn sein Vater mit dem Spitznamen »Sohn der Sonne«. Der Vater starb, als Manco zehn oder zwölf Jahre alt war. Da er seinem Sohn nicht erklärt hatte, dass »Sohn der Sonne« nur ein bedeutungsloser Spitzname war, lebten Manco und die »unwissenden Leute« (*gente bruta*) der Stadt in dem Glauben, er sei tatsächlich der Sohn der Sonne. Zu Mancos Hauswesen gehörten zwei alte Männer, denen der Dienst für die Hausgötter von Manco Capacs Vater anvertraut war. Diese Männer unterstützten den »Schwindel« (*patraña*), dass Manco ein göttliches Wesen sei. Manco Capac machte sich nach und nach diese Behauptungen zu Eigen, und als er achtzehn oder zwanzig Jahre alt war, gelang es den beiden Priestern, ihn auch davon zu überzeugen, dass ihm und seinen Nachkommen von Natur aus die Herrschaft über die Erde gebühre. Von diesen Vorstellungen beseelt, machte sich Manco Capac auf den Weg nach Cuzco; ihn begleiteten die Mitglieder seiner Familie, die beiden alten Priester sowie das wichtigste Ahnenbild seines Vaters, welches Huanacauri genannt wurde. Diese Variante der Geschichte von der betrügerischen Machterschleichung der Inka endet wie die andere, oben erörterte Version damit, dass Manco Capac in blendender, mit Gold verbrämter Kleidung auf dem Huanacauri steht und so das verblüffte Volk dazu bringt, ihn und sein Geschlecht als die Herrscher zu akzeptieren.

Manco Capac auf dem Gipfel des Huanacauri

Der Chronist Garcilaso de la Vega gibt dem Ursprungsmythos der Inka eine weitere Wendung, die das Motiv der fälschlichen Selbstidentifikation des ersten Inka als Sohn der Sonne mit dem Titicacasee verknüpft. Nach Garcilaso wusste Manco Capac, dass die Menschen am Titicacasee glaubten, die Sonne habe nach der großen Flut ihre ersten Strahlen auf die Insel der Sonne fallen lassen. Er machte sich diesen Glauben zunutze, indem er das Märchen verbreitete, der Sonnengott habe seine zwei Kinder, einen Sohn und eine Tochter, dorthin geschickt, um die »barbarischen« Indios der Gegend ein zivilisiertes Leben zu lehren. »Durch diese und dergleichen auf ihren Vorteil berechnete Erdichtungen brachten die Inka die übrigen Indios zu der Meinung, sie wären die Kinder der Sonne, und sie stärkten diesen Glauben durch ihre guten Taten.«

Geschichten dieser Art stellen den modernen Leser vor größte Schwierigkeiten, wenn man versuchen will, mögliche Glaubensvorstellungen der Inka von Ereignissen oder Einstellungen zu unterscheiden, welche ihnen von den europäischen und/oder christlichen Kommentatoren unterstellt wurden. So wirkt beispielsweise die Vorstellung, dass der Ruhm, das Prestige und die Macht Manco Capacs – und in der weiteren Folge seiner königlichen Nachkommenschaft – auf einem Betrug, einer Vorspiegelung oder einer List beruhte, mit der er die Menschen täuschte, auf einer Ebene wie eine von politischen Interessen geleitete Manipulation des Ursprungsmythos durch jene, welche die Legitimität der Inkaherrschaft in Frage stellen wollten. Auf einer anderen Ebene, die vielleicht im Falle des Garcilaso de la Vega eine gewisse Rolle spielte, neigten Bekenner des Christentums sicherlich dazu, im Sonnenkult der Eingeborenen ein Werk des Teufels zu sehen. Und damit lag der Verdacht nahe, dass in den Ereignissen, die zum Aufstieg der Inka als »Kinder der Sonne« führten, der Teufel seine Hand im Spiel hatte. Welche besonderen Motive und Interessen die verschiedenen Chronisten, die diese Mythen erzählten, auch haben mochten, es existieren so viele und unterschiedliche Quellen für die Verehrung der Sonne im Inkareich, dass es keinen Zweifel an dem Alter und der all-

gemeinen Verbreitung derartiger Glaubensvorstellungen geben kann.
Eine weit schwierigere und mühsamere Frage betrifft das chronologische Verhältnis zwischen der Verehrung des Viracocha und dem Sonnenkult. Einige Chroniken legen die Vermutung nahe, dass der Sonnenkult der Inka eine späte Entwicklung war, die erst nach der Ausweitung des Reiches über die Grenzen des Tals von Cuzco hinaus und mit der Ausbildung der bürokratischen Organisation des Inkastaates eintrat. Andere behaupten, dass die Verehrung Viracochas den Sonnenkult ablöste. Die Antworten auf Fragen dieser Art bleiben notwendigerweise höchst spekulativ, da die Chronologie der Ereignisgeschichte des Inkareichs kaum überprüfbar ist.

Mythen über die Konsolidierung und Ausweitung des Inkastaates

In unserer Skizze der mythischen Geschichte der Inka sind wir bislang jenen Berichten gefolgt, welche die Ereignisse und Vorgänge behandeln, durch die der erste Inka, Manco Capac, und seine Brüder und Schwestern im Tal von Cuzco ihre beherrschende Stellung erlangten. Alle folgenden Könige des Reiches waren letzten Endes – ob die Herrschaft vom Vater auf den Sohn, wie einige glauben, oder, wie andere meinen, in zwei königlichen Geschlechtern vererbt wurde – Nachkommen des ersten Königs Manco Capac und seiner Schwester und Frau Mama Ocllo.
Hinsichtlich der Könige, die auf Manco Capac folgten, stehen wir vor einem schwierigen Fragenkomplex. Das betrifft schon die Gesamtzahl der Könige, die von Manco Capac bis zur Ankunft der Spanier 1532 regierten. Fraglich sind außerdem die Daten der Herrschaftszeit der verschiedenen Inkakönige und darüber hinaus, ob es sich bei ihnen um historische Persönlichkeiten handelte oder ob nicht einige (oder gar alle?) ins Reich der Mythologie verwiesen werden sollten. Auf die Feinheiten und Nuancen der unterschiedlichen Meinungen, die die Forscher in diesen Fragen vertre-

ten, können und müssen wir hier nicht eingehen. Als Grundlage für unsere Darstellung ausgewählter mythischer Ereignisse, die laut verschiedenen Quellen zur Konsolidierung der Macht der Inka im Tal von Cuzco geführt haben sollen, beziehen wir uns auf die folgende, im Allgemeinen gut bezeugte Liste der Inkakönige. Die meisten Berichte nennen Huayna Capac als letzten unbestrittenen Inkakönig vor der spanischen Eroberung. Als die Spanier nach Peru kamen, herrschte im Land ein Nachfolgestreit zwischen Huascar und Atahualpa, zwei (von verschiedenen Müttern geborenen) Söhnen dieses Herrschers.

Die Könige des Inkareiches

Manco Capac (»mächtiger Herr der Untertanen«)

Sinchi Roca (»verständiger Fürst«)

Lloque Yupanqui (»denkwürdiger Linkshänder«)

Mayta Capac (»mächtiger Mayta«)

Capac Yupanqui (»reicher Denkwürdiger«)

Inca Roca (»reifer und kluger Prinz«)

Yahuar Huacac (»der Blut vergießt«)

Viracocha Inca (Eigenname einer Gottheit)

Pachacuti Inca Yupanqui (»Weltänderer, denkwürdiger Inka«)

Tuuac Inca Yupanqui (»glänzender, denkwürdiger Inka«)

Huayna Capac (»mächtiger Jüngling«)

Huascar (»Kette, Seil«) und Atahualpa

[Übersetzungen der Namen nach Karl A. Wipf in Pablo José de Arriaga, *Eure Götter werden getötet: »Ausrottung des Götzendienstes in Peru« (1621)*, Darmstadt 1992, S. 257.]

Über die verschiedenen Könige und Königinnen des Inkareichs liefern die Chronisten Informationen von unterschiedlicher Menge und unterschiedlicher Art. Manche davon sind ausgesprochen plausibel, und die berichteten Ereignisse müssen sich unter diesem oder jenem König in der Spätzeit vor der Ankunft der Spanier zugetragen haben. So heißt es von Manco Capac, er habe die

Bevölkerung Cuzcos in zwei Teile geteilt, die als »Obercuzco« (*Hanan Cuzco*) und »Untercuzco« (*Hurin Cuzco*) bezeichnet wurden. Als die Spanier nach Cuzco kamen, fanden sie diese Einteilung tatsächlich vor. Von Sinchi Roca wird berichtet, er habe den Menschen befohlen, im Tal von Cuzco Kartoffeln anzupflanzen; zumindest seit der späten Inkazeit werden bis zum heutigen Tag im Tal von Cuzco Kartoffeln angebaut. Mayta Capac soll einen Aufstand der Alcaviccas unterdrückt haben, die in den Tagen seiner Herrschaft aufsässig geworden sein sollen. All diese Ereignisse oder Taten sind historisch plausibel, auch wenn wir über ihren jeweiligen genauen Zeitpunkt nichts wissen.

Andererseits jedoch sind in den verschiedenen Quellen Ereignisse der genannten Art mit anderen vermischt, die einen entschieden mythischeren Charakter haben. Hier sind insbesondere zwei Ereignisse zu nennen, da diese nach den Berichten der Inka-Informanten offenkundig von großer Bedeutung für den Aufstieg der Inka und für die Konsolidierung des Reiches waren. Ich bezeichne sie als »mythisch-historische« Ereignisse, weil wir uns ihres historischen Status nicht sicher sein können. Es geht zunächst um den Krieg gegen die Chanchas, ein mächtiges Volk, das westlich von Cuzco lebte; sodann um die Begegnung eines jungen Inkaprinzen mit dem Schöpfergott Viracocha.

Der Angriff der Chancha-Armeen auf Cuzco und die Verteidigung der Stadt durch einen jungen Fürsten waren in der mythischen Geschichte der Inka von tiefgreifender Bedeutung; denn erst danach sollen sich die Inka entschlossen haben, ein Reich zu errichten. Manche Quellen melden, der Heldenfürst dieses Mythos sei Viracocha Inca, der Sohn des Yahuar Huacac, gewesen, andere schreiben dieses Ereignis Viracocha Incas Sohn Pachacuti Inca Yupanqui zu. Als die Truppen der Chanchas gegen die Stadt vorrückten, entflohen die meisten Einwohner, darunter auch der König. Nur der junge Thronerbe und einige wenige Gefährten blieben zur Verteidigung Cuzcos zurück. Die ersten beiden Angriffe der Chanchas konnten die wenigen Verteidiger nur mit Mühe zurückschlagen; als beim dritten und letzten Angriff das Schicksal der Inka auf Messers Schneide stand, verwandelten sich die Felsen und Steine des

Tals in Krieger und kamen dem jungen Prinzen zu Hilfe. Die Felsen (*pururaucas*) wurden hinfort als Huacas verehrt.
Der Ton und der Charakter der verschiedenen Versionen dieses Mythos, die in den Chroniken überliefert sind, vermitteln dem modernen Leser – wie sicherlich schon den Zuhörern zu Zeiten der Inka – den Eindruck, dass die Durchsetzung der Souveränität der Inka im Tal von Cuzco, mit der die Bildung des Inkareiches begann, von göttlichen Kräften gebilligt wurde, da sich sogar die Felsen zum Schutz der Inka und zur Verteidigung der Stadt erhoben. Manche Forscher sind außerdem der Ansicht, dass an dieser Stelle der mythischen Geschichte Cuzcos und vor allem der Berichte über die Taten der einzelnen Inkakönige der Übergang von im Wesentlichen mythischen zu historischen Informationen in den uns erhaltenen kolonialzeitlichen Dokumenten erfolgt. Diese Forscher meinen, dass Pachacuti Inca tatsächlich die Chanchas besiegt habe und dass es nach diesem Ereignis zum Ausbau Cuzcos und zur Konsolidierung des Reiches gekommen sei. Nach ihrer Ansicht soll Pachacuti von 1438 bis 1471 geherrscht haben. Diese historisierende Interpretation der dynastischen Mythen-Geschichten der Inka wird jedoch bislang durch keine archäologischen Funde gestützt.
Andere Forscher betrachten zwar auch zumindest einige Elemente des Krieges gegen die Chanchas als historisch »real«, verzichten aber auf genauere Datierungen. Nach ihrer Ansicht könnte die Erzählung von diesem Krieg eine tief verwurzelte, im Wesentlichen historische Erinnerung an den Aufstieg der Inka zur Macht im Tal von Cuzco enthalten. Den Inka wäre es damit gelungen – dies der historische Kern der Ereignisse –, die Reste der Macht der Huari im Tal von Cuzco zu zerschlagen. Das Heimatgebiet der Huari-Völker, die während des Mittleren Horizonts in Zentralperu zeitgleich mit den Menschen der Tiahuanaco-Kultur vom Titicacasee lebten, lag ungefähr in der Region, wo die Chanchas angeblich ihr Machtzentrum hatten.
Ein weiteres bezeichnendes, in den Chroniken berichtetes mythisches Ereignis bei der Staatsgründung der Inka, das sich im gleichen Zeitraum wie der Krieg mit den Chanchas zugetragen haben soll, war die Begegnung des jungen Prinzen Pachacuti Inca Yu-

panqui mit dem Schöpfergott Viracocha Pachayachachi an der außerhalb von Cuzco gelegenen Quelle Susurpuquio. Als Pachacuti während einer Reise zu seinem Vater Viracocha Inca zu dieser Quelle kam, sah er, wie eine Kristalltafel in das Wasser fiel. Er blickte hinunter und sah auf der Tafel das Bild eines Indios mit einem *llauto* (Kopfschmuck), Ohrgehängen und Kleidern, die denen der Inka glichen. Vom Kopf dieser Figur gingen drei Sonnenstrahlen aus und Schlangen ringelten sich um ihre Schultern. Zwischen ihren Beinen ragte der Kopf eines »Löwen« (das heißt eines Pumas) hervor, ein weiterer Löwe stand in ihrem Rücken und umfasste mit seinen Pranken ihre Schultern; ein schlangenartiges Wesen ringelte sich den gesamten Rücken hinab.

Als Pachacuti die Quelle verließ, nahm er die Kristalltafel mit sich und benutzte sie fortan, um in die Zukunft zu schauen. Später soll er das Bild auf der Tafel mit dem Schöpfergott Viracocha Pachayachachi identifiziert haben. Die Vision hatte den Prinzen angeblich so beeindruckt, dass er eine religiöse Reform einführte, als er an die Macht gelangt war. In dieser Darstellung der Götterhierarchie des Inkareiches (es existieren andere, konkurrierende Versionen) heißt es, zu Zeiten des Inkakönigs Pachacuti Yupanqui sei der Ccoricancha, der Haupttempel Cuzcos, umgestaltet worden und habe fortan folgende Götterhierarchie beherbergt: Viracocha, den Sonnengott, die Mondgöttin, Venus, den Donner und den Regenbogen. In dieser Götterhierarchie wurde demzufolge der Sonnengott, der bisher die Hauptgottheit im Ccoricancha und im Pantheon der Inka gewesen war, durch Viracocha ersetzt, den Schutzgott des neuen Königs Pachacuti.

In einer anderen Version der Entwicklungsgeschichte der Inkareligion heißt es hingegen, Pachacuti Yupanqui sei für die zunehmende Konzentration auf den Sonnenkult verantwortlich gewesen, durch die der Sonnengott Viracocha als den Hauptgott des Reiches verdrängt habe. Nach dieser Ansicht war Pachacutis Machtübernahme, wobei er an die Stelle seines Vaters trat, der den Namen »Viracocha« trug, ein Symbol für die grundsätzliche Abkehr von der Verehrung Viracochas und die Zuwendung zum Kult des Sonnengottes. Ein zentrales Problem bei dieser Kontroverse liegt darin, dass einer der Könige, Viracocha Inca, den gleichen Namen besaß oder den gleichen Titel führte wie der Schöpfergott. In Betanzos' Chronik beispielsweise wird dafür als Grund angeführt, Viracocha Inca habe behauptet, dass ihm eines Nachts, als er voller Sorgen wach gelegen habe, der Schöpfergott erschienen sei. Der Schöpfer habe ihn beruhigt und ihm Zuversicht geschenkt. Als der König am folgenden Tag seinen Untertanen von dem Geschehnis erzählte, hätten sie sich erhoben und ihn mit dem Namen Viracocha Inca, »König und Gott«, begrüßt.

Es ist schon viel Tinte verspritzt worden über die Frage, in welchem Verhältnis Viracocha der Schöpfer und Viracocha der König standen. Wir können die Kontroverse hier nicht entscheiden, das Problem aber auch nicht beiseite schieben. Dies ist einer der Bereiche, wo die Vermischung, ja »Konfusion« von Mythos und Geschichte sehr kompliziert ist; angesichts des Charakters unserer Quellen (die von unterschiedlichen Chronisten stammen, die zu verschiedenen Zeiten mit verschiedenen Informanten sprachen und von diesen verschiedene Darstellungen und Erklärungen erhielten) dürfte eine absolute Trennung dieser beiden zentralen Figuren der Inkamythologie vielleicht kaum je gelingen.

Fragen solcher Art werden die Aufmerksamkeit der aufeinander folgenden Generationen von Quipucamayoqs und Amautas (Dichter/Philosophen) in Cuzco gefesselt haben, wenn sie die Mythen der Inka-Vergangenheit wieder erzählten und bei Gelegenheit auch neu formulierten. Obwohl die außerhalb Cuzcos lebenden Menschen einige Mythen über den Ursprung des Inkareiches beibehielten, waren für sie jedoch Fragen nach ihrer eigenen Vergangenheit zweifellos interessanter. Woher stammten sie? Wie waren die benachbarten Völkergruppen miteinander verwandt? Und wie und wann gerieten sie unter die Herrschaft der Inka? Im nächsten Kapitel wollen wir einige der wenigen uns überlieferten Mythen aufgreifen, in denen sich diese und andere Fragen widerspiegeln, die die Menschen in den Provinzen beschäftigten.

Die Mythen des Küstenlandes und der Provinzen

Die Herrscher des nördlichen Küstenlandes und die Inka

Die Mythen vom Geschlecht der Ayars sowie von der Gründung Cuzcos und des Inkareiches sind die wichtigsten Staatsgründungsmythen aus dem Andengebiet, aber keineswegs die einzigen. Wenn wir unsere Aufmerksamkeit anderen Gebieten des Reiches zuwenden, insbesondere dem nordperuanischen Küstenland, stoßen wir dort auf verwirrende Überreste von Staatsgründungsmythen, die genauso komplex sind wie jene der Dynastie der Herrscher von Cuzco. Unglücklicherweise kennen wir nur wenige dieser Mythen, und auch diese nur in skizzenhaften Grundzügen; zu diesen wenigen gehören einige aus dem Tal von Lambayeque sowie ein Mythos, der sich auf die Herrscher von Chimor im Moche-Tal bezieht.
Betrachten wir zunächst die Mythen aus dem Lambayeque-Tal. Cabello Balboa berichtet in seiner Chronik aus dem Jahr 1586 von einer Überlieferung, nach der in der Vorzeit Menschen aus dem Süden, die in einer Flotte von Flößen über das Meer kamen, in das Tal eingedrungen seien und sich dort niedergelassen hätten. Der Anführer dieser »tapferen und edlen Gemeinschaft«, wie Balboa sie nennt, war ein Mann namens Naymlap. Naymlap wurde von seiner Frau Ceterni, einem Harem und etwa vierzig Gefolgsleuten begleitet. Zu dem Gefolge gehörten ein Trompeter, ein Wächter der königlichen Sänfte, ein Mann, der zu rituellen Zwecken Mu-

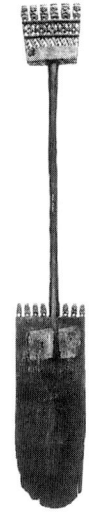

Paddel, Chimú-Stil

schelschalen zu Pulver zerstampfte, ein Koch und zahlreiche weitere Männer mit spezifischen Funktionen. Naymlap führte auch ein Götterbild aus grünem Stein mit, das Yampallec hieß; man glaubt, dass nach diesem das Flusstal, in dem sich Naymlap niederließ, den Namen Lambayeque erhielt. Cabello Balboa berichtet, dass dieses Götterbild Yampallec die Figur und Statur Naymlaps besaß, es sich bei ihm also um einen Doppelgänger des Königs handelte. An einem Ort namens Chot errichtete Naymlap einen Palast und einen Tempel für das grüne Steinidol. Dieser Ort lässt sich mit ziemlicher Sicherheit mit Huaca Chotuna im Lambayeque-Tal identifizieren.

Naymlap lebte lange und in Frieden. Nach seinem Tod wurde er im Palast von Chot begraben. Zuvor hatte er mit den Priestern verabredet, sie sollten, wenn er sterbe, seinen Anhängern erzählen, er habe Flügel erhalten und sei davongeflogen. Auf Naymlap folgte sein ältester Sohn Cium, der eine Frau namens Zolzoloñi ehelichte, bei der es sich offenbar um eine Einheimische handelte. (In unserer Quelle wird sie nämlich als eine *moza* bezeichnet, im Spanischen die übliche Bezeichnung für eine Frau, die nicht zu einer bestimmten, genannten Gruppe gehört – in diesem Fall also zur Gruppe der Eindringlinge aus dem Süden.) Cium und Zolzoloñi hatten zwölf Söhne, die alle heirateten, große Familien hatten und davonzogen, um eigene Städte zu gründen.

Mit Naymlap umfasste die Dynastie von Lambayeque zwölf Könige, deren letzter Fempellec hieß. Dieser beschloss, das in Chot befindliche grüne Steinidol an einen neuen Ort zu bringen, doch bevor er dies durchführen konnte (erzählt Cabello Balboa), erschien ihm der Teufel in Gestalt einer schönen Frau und verführte ihn. Nachdem Fempellec von der Zauberin verführt worden war, begann es – in einem Teil Perus, wo es selten Niederschläge gibt

– zu regnen, und dieser Regen hielt dreißig Tage an. Darauf folgte ein Jahr der Dürre und des Hungers. Am Ende jenes Jahres hatten die Priester des grünen Steinidols genug: Sie ergriffen Fempellec, fesselten ihn an Händen und Füßen und warfen ihn ins Meer. Das war das Ende der Dynastie des Naymlap von Lambayeque.

»Viele Tage« nach dem Tod Fempellecs, so setzt Cabello Balboa seinen Bericht von den Ereignissen im Lambayeque-Tal fort, sei wiederum eine mächtige Armee über das Meer gekommen. Der Führer dieses Heeres war ein Mann namens Chimo Capac (»Herr Chimú«). Dieser Name oder Titel verweist als mögliche Herkunft auf das Moche-Tal, das Zentrum des Königreichs Chimor. Chimo Capac eroberte Lambayeque und setzte dort Pongmassa als seinen *curaca* (»Statthalter«) ein. Auf diesen folgte dessen Sohn als lokaler Herrscher; als die Herrschaft auf Pongmassas Enkel übergegangen war, eroberten die Inka das Gebiet. Unter der Herrschaft der Inka lösten sich fünf Curacas ab, die das Land im Namen des Inkakönigs verwalteten. Die Allianz Inka-Chimú wurde durch die Ankunft der Spanier beendet.

Aus anderen Quellen wissen wir von einer weiteren Dynastie im nördlichen Küstenland, den Taycanamu des Moche-Tals. Wie Naymlap und Chimo Capac kamen auch Taycanamu und seine

Rekonstruktionszeichnung eines Innenhofs, Huaca Chotuna, Lambayeque-Tal

Gefäß mit Röhrenausguss in Form eines Balsa-Floßes mit zwei Insassen, Moche-Stil

Leute auf Flößen aus dem Süden. Mehrere Abkömmlinge Taycanamus regierten nacheinander über das Moche-Tal und erweiterten jeweils ihr Machtgebiet, bis der sechste oder siebente Herrscher, ein Mann namens Minchançamam, von einem Inkafürsten Topa Yupanqui besiegt und nach Cuzco weggeführt wurde. Das Moche-Tal kam damit dauerhaft unter die Herrschaft der Inka, zu deren Reich es noch gehörte, als die Europäer das Land eroberten.

Als das Inkareich unter aufeinander folgenden Königen durch Eroberungen und Bündnisse an Ausdehnung gewann, lernten die

Inka – wie im Lambayeque- und Moche-Tal – reiche und lebendige Überlieferungen von den Ursprüngen adliger Geschlechter und Dynastien in den ferneren Regionen ihres Herrschaftsgebietes kennen. Nun galt es in jedem einzelnen Fall, jene provinziellen mythischen Geschichten den eigenen Herrschaftstraditionen einzuverleiben, und zwar in einer Weise, bei der die Unverletzlichkeit und die zentrale Rolle der Inkadynastie erhalten blieb. Die dauernde Umarbeitung der lokalen und regionalen Ursprungsmythen wurde zur Hauptaufgabe der Amautas und Quipucamayoqs, die die mythischen Geschichten von Tahuantinsuyu zu erhalten und miteinander zu versöhnen hatten. Was das Verhältnis zwischen den Inka und den Herrschern von Chimor anlangt, so besitzen wir mehrere Berichte, wie sich diese (und vergleichbare) Begegnungen vom Standpunkt der Inka aus vollzogen. Bei Garcilaso de la Vega finden wir folgende Darstellung, die belegt, wie die Inka die Geschichte von der Unterwerfung des einst mächtigen Herrschers Chimú durch den Inka Tupac Yupanqui erzählten:

> Der tapfere Chimú, dessen Hochmut und Stolz nun bezähmt waren, trat voller Unterwürfigkeit und Demut vor den Fürsten, warf sich vor diesem in den Staub, zollte ihm Verehrung und wiederholte die Bitte [um Vergebung], die er schon durch seine Gesandten hatte vorbringen lassen. Der Fürst nahm ihn huldvoll auf, um seine Trauer zu lindern. Er befahl zweien seiner Hauptleute, ihn vom Boden zu erheben, und erklärte ihm, nachdem er ihn angehört hatte, dass alles Vergangene vergeben sei ... Der Inka sei nicht gekommen, um ihn seines Besitzes und seiner Würde zu berauben, sondern um seinen Götzendienst, die Gesetze und Gebräuche zu verbessern.

Die Mythen der Hatunruna (der einfachen Leute)

Von den Mythologien, die bei den Völkern der nördlichen Küstenstaaten in der Zeit vor den Inka verbreitet waren, wenden wir uns nun den mythischen Traditionen der einfachen Leute innerhalb des Inkareiches zu. Wie bei der Sammlung und Aufzeichnung der Mythen aus Cuzco und von der peruanischen Nordküste bestehen auch unsere Quellen in den Provinzen aus Berichten, die nach der spanischen Eroberung niedergeschrieben wurden. Die Dokumentation der Mythen und verschiedener Aspekte der religiösen Überzeugungen und Praktiken der Landbevölkerung erfolgte hier jedoch in der Regel später und in geringerem Umfang als in Cuzco.

Viele der Berichte über Einzelheiten der provinziellen Mythologien bestehen aus Informationen, die örtliche Priester während des frühen 17. Jahrhunderts sammelten. Diese waren in die ländlichen Gebiete geschickt worden, um das auszurotten, was die Spanier als »Götzenverehrung« (*idolatría*) betrachteten. Der Begriff bezog sich auf die Verehrung von Ahnenmumien, Himmelskörpern und vielfältigen signifikanten landschaftlichen Merkmalen, etwa Berggipfel, Quellen oder Höhlen. Wir werden später noch auf Informationen aus einer Reihe von Dokumenten eingehen, denen Berichte von Priestern über ihre Untersuchungen im zentralen und nördlichen Andengebiet Perus zugrunde liegen. Zunächst aber wenden wir uns einem bemerkenswerten Dokument aus dem 17. Jahrhundert zu, das zu einem ähnlichen Zweck – der Aufspürung abgöttischer Überzeugungen und Praktiken – aufgesetzt wurde, jedoch eine der vollständigsten und geschlossensten Darstellungen der provinziellen Mythologie enthält, die wir besitzen.

Die Götter und Menschen von Huarochirí

Die Quelle, die uns hier beschäftigt, wird üblicherweise als das Huarochirí-Manuskript bezeichnet. Die Provinz Huarochirí liegt östlich des heutigen Lima in der westlichsten Gebirgskette Zentralperus. Das in Quechua verfasste Manuskript entstand um das Jahr 1608. Wir wissen nicht, wer der tatsächliche Schreiber war (wahrscheinlich ein Eingeborener), wohl aber wissen wir, dass die Sammlung und Aufzeichnung unter der Leitung Francisco de Avilas durchgeführt wurde, der mit der »Bekämpfung des

Götzendienstes« in dieser Region betraut war. Um die Ereignisse und Handlungen, die dieses bemerkenswerte Dokument enthält, richtig einschätzen zu können, ist ein allgemeiner Überblick über das ihm zugrunde liegende soziale und politische Milieu sinnvoll.

Die Bewohner der Region Huarochirí gehörten überwiegend den Ayllus aus der ethnischen und kulturellen Gruppe der Yauyos an. Die Yauyos teilten sich in die *Anan* (»Oberen«) *Yauyos* und *Hurin* (»Unteren«) *Yauyos*. Die Ereignisse werden aus der Perspektive zweier Untergruppen – den Checas und Conchas – erzählt, die den Unteren Yauyos angehörten. Allgemein galten alle Yauyos als späte Ankömmlinge in der Region. Sie waren Hirten, die vielleicht aus dem Süden zugewandert waren. Die eindringenden Yauyos-Hirten ließen sich in der Gegend von Huarochirí nieder und bildeten einen Gegensatz zu der autochthonen, Ackerbau betreibenden Bevölkerung des Tieflands. Es ist jedoch wahrscheinlich, dass auch diese alteingesessenen Ackerbauern von den Yauyos abstammten. Sie waren in ferner Vorzeit in das Gebiet eingewandert, hatten sich assimiliert und wurden dann in jener späten Migrationswelle von Völkergruppen überrannt, die wie sie selbst von den Yauyos abstammten.

Huallollo Carhuincho hieß die Hauptgottheit, welche die alteingesessenen Yauyos verehrten. Huallollo war ein Furcht einflößender, Feuer speiender Vulkangott, der Menschenopfer forderte. Er befahl unter anderem, dass jede Familie der Unteren Yauyos nur zwei Kinder haben sollte und ihm eines davon zum Verzehr überlassen werden müsse. In jenen Urzeiten, als Huallollo unangefochten regierte, herrschten im Hochland ähnliche klimatische Bedingungen wie in der Küstentiefebene (den *yungas*): Auch im Huarochirí-Gebiet war es zu jener Zeit warm, und es lebten hier große Schlangen, Tukane (Tropenvögel mit großen, breiten Schnäbeln) und alle möglichen Tierarten, die in späteren Zeiten nur im Küstengebiet zu finden waren. Die Hauptgottheit der späteren Yauyos-Eindringlinge war Pariacaca. Im Huarochirí-Manuskript wird »Pariacaca«, der Name eines hohen Berggipfels, als eine Huaca (ein heiliges Objekt oder heiliger Ort) dargestellt, die als Verkör-

perung eines Kulturheros oder einer Schutzgottheit durch das Land zieht.
Der mythologische Bericht von den Ursprüngen der Welt, wie er in Huarochirí erzählt wurde, beginnt einige Zeit nach der Herrschaftsübernahme durch Huallollo Carhuincho. Damals entstand auf einer Bergspitze die Huaca Pariacaca in der Gestalt von fünf Eiern, aus der fünf Falken schlüpften, die sich dann in fünf Männer verwandelten. Diese Männer hielt der (bzw. hielten die) Verfasser des Huarochirí-Manuskripts für die Stammväter der wichtigsten Familien und rituellen Gruppen der später eingedrungenen, in diesem Gebiet lebenden Yauyos-Hirten. Die mächtige Berggottheit oder Huaca Pariacaca forderte Huallollo Carhuincho heraus. Pariacaca verkündete, er werde gegen Huallollo Carhuincho kämpfen und ihn vertreiben. Pariacaca wollte mit Wasser kämpfen, Huallollo Carhuincho mit Feuer. Der Kampf der beiden Gottheiten wird in dem Manuskript folgendermaßen beschrieben:

> Pariacaca bestand aus fünf Personen, und also ließ er es aus fünf Richtungen regnen. Der Regen war gelb und rot. Dann drang er, aufleuchtend wie ein Blitz, aus fünf Richtungen vor. Von den frühen Morgenstunden bis zum Sonnenuntergang flammte Huallollo Carhuincho als ein gewaltiges Feuer empor, das fast bis zum Himmel reichte und niemals verlöschte. Und die Wassermassen, die Pariacaca regnen ließ, strömten hinab zum Ura Cocha, dem unteren See. Da der See über die Ufer getreten wäre, zerschmetterte Llacsa Churapa, eine der Personifikationen Pariacacas, einen Berg und staute das herabströmende Wasser. Die eingeschlossenen Wasser bildeten einen neuen See ... Als die Wasser den See auffüllten, löschten sie das brennende Feuer fast aus. Und Pariacaca beschoss Huallollo Carhuincho weiter mit Blitzen und ließ ihn nicht zur Ruhe kommen. Schließlich entfloh Huallollo Carhuincho in das Tiefland, das Antis [Antisuyu].

Anschließend kämpfte Pariacaca gegen eine weibliche Huaca, einen Dämon namens Mana Ñamca, eine Verbündete Huallollo Carhuinchos. Pariacaca besiegte auch diese Dämonin und trieb sie gen Westen bis in den Ozean. Nun machte er sich daran, seinen eigenen Kult zu begründen. Diese Kämpfe waren die bestimmenden Ereignisse für die Unterwerfung der alteingesessenen Ackerbauern und ihres Gottes Huallollo Carhuincho durch die in das Land eindringenden Yauyos-Hirten, die Hauptträger des Pariacaca-Kultes.

Im Huarochirí-Manuskript ist auch von der Anwesenheit einer Gottheit »Viracocha« die Rede, die also den gleichen Namen trug wie die Schöpfergottheit im Ursprungsmythos vom Titicacasee. Die Kompilatoren des Huarochirí-Manuskripts erklärten, sie wüssten nicht, ob dieser Viracocha, der mit vollem Namen Coniraya Viracocha hieß, vor oder nach der Zeit des Huallollo Carhuincho gelebt habe. Jedenfalls war Coniraya Viracocha ein Schöpfergott. Er schuf die Dörfer in der Region und allein auf sein Wort entstanden die dem Ackerbau dienenden Felder und Terrassen. Er schuf außerdem die Bewässerungskanäle, indem er die Blüten eines bestimmten Reedgrases, des so genannten *pupuna*, zu Boden schleuderte, wodurch sich die Kanäle bildeten.

Coniraya Viracocha streifte als einsamer Bettler in abgerissenen Kleidern durch das Land. Menschen, die ihn nicht erkannten, riefen ihm Beleidigungen nach. Zu jener Zeit lebte eine schöne weibliche Huaca namens Cavillaca in dem Gebiet. Cavillaca war eine Jungfrau, und Coniraya empfand das dringende Verlangen, mit ihr zu schlafen. Doch die schöne Cavillaca wollte nichts von ihm wissen. Eines Tages saß Cavillaca unter einem *lúcuma*-Baum und webte. Dieser Baum ist ein immergrünes Gewächs, das an der Küste verbreitet ist; er trägt Früchte mit gelblich orangenem Fruchtfleisch. Coniraya Viracocha verwandelte sich in einen Vogel und flog auf den Lúcuma-Baum. Er tat seinen Samen in eine reife Frucht und ließ sie neben Cavillaca zur Erde fallen. Die Frau aß die Frucht mit Behagen und wurde schwanger. Neun Monate später gebar Cavillaca einen Knaben, ohne dass sie gewusst hätte, wer der Vater war.

Der Pyramidenkomplex in Pachacamac, im Hintergrund der Sonnentempel der Inkazeit

Als der Junge ein Jahr alt geworden war, entschloss sie sich herauszufinden, wer sie geschwängert hatte. Zu diesem Zweck rief sie alle *vilcas* und *huacas* zusammen, die mächtigen männlichen Gottheiten, Berge und anderen heiligen Orte. Die Vilcas und Huacas kamen in ihrer prächtigsten Kleidung, jeder sagte freudig erregt: »Ich bin der Glückliche! Mich hat sie auserwählt!« Auch Coniraya Viracocha erschien, aber auch jetzt in seinen abgerisse-

nen Lumpen. Als alle Vilcas und Huacas Platz genommen hatten, fragte Cavillaca, wer der Vater des Knaben sei. Als niemand sprach, setzte Cavillaca den Jungen auf den Boden und erklärte, er werde von allein zu seinem Vater krabbeln. Das Kind krabbelte an der Reihe der Vilcas und Huacas vorbei, bis es zu Coniraya Viracocha kam. Da lächelte der Knabe und kletterte seinem Vater auf den Schoß.

Cavillaca wurde darüber zornig, dass ein solcher Bettler der Vater ihres Sohnes sein sollte. In rasender Wut packte sie das Kind und stürmte geradewegs zum Ozean. In der Nähe der großen Pilger- und Orakelstätte Pachacamac (südlich des heutigen Lima) lief sie auf das Meer hinaus, wo sie und ihr Sohn versteinerten. Noch heute sind diese Felsen vor der Küste in Höhe der Ruinen von Pachacamac zu erblicken. Coniraya Viracocha war über die Flucht Cavillacas betrübt und beschloss, sich auf die Suche nach ihr und seinem Sohn zu machen. Er zog in Richtung Küste und fragte unterwegs alle, die er traf, ob sie die Huaca gesehen hätten.

Coniraya begegneten auf seinem Weg eine Reihe von Landtieren und Vögeln: ein Kondor, ein Skunk, ein Puma, ein Fuchs, ein Falke und einige Sittiche. Er fragte alle diese Tiere nach Cavillaca. Je nachdem, ob die Nachricht, die sie ihm gaben, gut oder schlecht lautete, verlieh er ihnen gute oder schlechte Eigenschaften und machte sie glücklich oder unglücklich. Als Coniraya beispielsweise den Kondor nach Cavillaca fragte, antwortete dieser, sie sei ganz in der Nähe und Coniraya werde sie gewiss bald finden. Coniraya verhieß dem Kondor daraufhin ein langes Leben und sagte ihm, er werde stets reichliche Nahrung haben und die toten Tiere in den Bergen fressen; auch werde jeder, der ihn (den Kondor) töte, selber zu Tode kommen. Das Stinktier jedoch antwortete auf die Frage nach Cavillaca, Coniraya werde sie nicht finden, denn sie sei weit weggezogen. Da erklärte Coniraya dem Skunk, er werde künftig nie mehr am Tage, sondern nur noch bei Nacht umherstreifen und einen solchen Gestank verbreiten, dass sich alle voll Ekel von ihm abwenden würden. Auf diese Weise erfüllte Coniraya Viracocha die Schöpfungsaufgabe, den Tieren Namen, Eigenschaften und Merkmale zu geben, nicht anders als dies nach den Mythen vom Titicacasee Conticci Viracocha auf seiner Schöpfungsreise von den Bergen zu der ecuadorianischen Küste getan haben soll.

Als Coniraya den Meeresstrand erreichte, ging er nach Pachacamac. Dort gelangte er an die Stätte, wo die beiden Töchter Pachacamacs von einer Schlange bewacht wurden. Urpay Huachac, die Mutter der Mädchen, war zu dieser Zeit abwesend. Coniraya ver-

führte die ältere Schwester und wandte sich danach der jüngeren zu, die sich jedoch, bevor seine Tat gelang, in eine Taube verwandelte und davonflog. Nun gab es zu jener Zeit keine Fische im Ozean. Die einzigen Fische wurden von Urpay Huachac in einem kleinen Teich in der Nähe von Pachacamac gezüchtet. In seiner Wut schleuderte Coniraya alle diese Fische ins Meer, das seit diesem Zeitpunkt von Fischen bewohnt ist.
Coniraya Viracocha gelang es nicht, Cavillaca und seinen Sohn zu finden. Das Huarochirí-Manuskript berichtet, er sei »lange, lange Zeit« an der Küste umhergezogen und habe auch »viele Huacas und Menschen dieser Gegend überlistet«. Besonders bemerkenswert ist, dass die Taten, die Coniraya Viracocha an der Küste vollbracht haben soll, im Huarochirí-Manuskript von Menschen aufgezeichnet wurden, die in den Hochanden zu Hause waren. Diese mythologische Verknüpfung zwischen den beiden Welten des Küstenlandes und des Hochgebirges verdeutlicht, welch nahe Beziehungen zwischen den verschiedenen, jedoch eng verwandten Menschen beider Regionen und ihren jeweiligen Ressourcen bestanden. Wir wollen dieses Verhältnis im Folgenden noch genauer betrachten.

Viracocha und Pachacamac

Eine der Aufgaben, die die Mythologie der Indios in der vor-, aber auch noch in der frühkolonialen Zeit besaß, war es, die Unterschiede und die Verbindungen zwischen den beiden Welten des Küstenlandes und des Hochlandes zu untersuchen und zu erklären. Diese Aufgabe spiegelt sich in den Mythen beispielsweise in der Identität von Schöpfergottheiten wie Viracocha und Pachacamac. Diese erscheinen in den Mythen wie die Bilder auf der Vorder- und Rückseite eines doppelten Spiegels: Im einen Augenblick sind sie deutlich voneinander unterschieden und getrennt, im nächsten erscheinen sie als identisch. Im Huarochirí-Manuskript ist die Frage nach dem Verhältnis zwischen Viracocha und Pachacamac noch dadurch zusätzlich kompliziert, dass die Menschen im

Huarochirí-Gebiet – also mitten zwischen dem von den Inka bewohnten südlichen zentralen Hochland und dem von den Yunga und anderen Völkern bewohnten Küstenland – häufig das Götterpaar Viracocha und Pachacamac durch das Paar Sonnengott und Pachacamac ersetzten, wenn sie den Gegensatz von Hochland und Küstenland im Mythos darstellten. In dem Manuskript wird die Meinung der Menschen von Huarochirí folgendermaßen zitiert: »Im Hochland, heißt es, verehrten die Inka den Sonnengott vom Titicacasee und sprachen: ›Er hat uns Inka geschaffen!‹; doch im Tiefland verehrten sie Pachacamac und sprachen: ›Er hat uns Inka geschaffen!‹«

Frank Salomon vertritt in seiner Interpretation des Huarochirí-Manuskripts die Ansicht, dieses verbinde die Schöpfergottheiten des Hochlands (den Sonnengott) und des Küstenlandes (Pachacamac) und stelle sie gleichzeitig in Gegensatz. Ausgelassen ist dabei – wenn sich auch in dem obigen Hinweis auf den Titicacasee eine Anspielung darauf findet – der Schöpfergott des Hochlands, Viracocha Pachayachiachic. Diese scheinbar widersprüchlichen Hinweise auf unterschiedliche, doch offenbar komplementäre Schöpfergottheiten haben von der Kolonialzeit bis zum heutigen Tage für viel Verwirrung gesorgt. Generell scheint es, dass der Schöpfer in verschiedenen Teilen des Reiches unter verschiedenen Namen bekannt war, ihm aber überall ähnliche Grundeigenschaften und ähnliche Taten zugeschrieben wurden. Immer wieder finden sich Hinweise, er habe sich als Bettler verkleidet und jene bestraft, die ihn in dieser Verkleidung schmähten, er habe den Landtieren und Vögeln der jeweiligen Gegend ihre Namen und typischen Eigenschaften gegeben und die Menschheit erschaffen, vernichtet und wieder neu erschaffen.

Nun wollen wir unsere Aufmerksamkeit Pachacamac zuwenden, da wir die Merkmale dieser Manifestation der andinen Schöpfergottheit noch nicht detailliert betrachtet haben. Wie bereits erwähnt, bezog sich der Name »Pachacamac« unter anderem auch auf eine Pilgerstätte an der mittelperuanischen Küste wenige Kilometer südlich von Lima. Jener Ort galt wahrscheinlich schon zur Zeit des Mittleren Horizonts als eine wichtige Orakelstätte und wurde vermutlich bis zu seiner Eingliederung in das Inkareich als *Irma* oder *Illma* bezeichnet. Als die Inka das zentrale Küstenland eroberten, besetzten sie auch diesen Ort, beließen ihm aber seine Funktion als Pilger- und Orakelstätte. Sie bauten dort zusätzlich einen großen Sonnentempel und errichteten neben dem alten Orakel eine Kultstätte mit Priestern des Sonnengottes der Inka des Hochlands.

Antonio de la Calancha überliefert einen wichtigen Mythos, der um den Gott Pachacamac kreist. In diesem sind der Sonnengott und Pachacamac eng miteinander verbunden. Pachacamac wird in diesem Mythos als »Sohn der Sonne« eingeführt, das heißt, die Gottheit des Küstenlandes wird der Hochlandgottheit untergeordnet. Nach der Zusammenfassung von Franklin Pease (siehe Literaturhinweise) lautet dieser Mythos folgendermaßen:

Zu Beginn der Zeit erschuf Pachacamac ein Menschenpaar, den ersten Mann und die erste Frau. Sie hatten jedoch keine Nahrung, weshalb der Mann bald starb. Die Frau bat den Sonnengott um Hilfe, der sie mit seinen Strahlen schwängerte. Nach nur vier Tagen gebar die Frau einen Sohn. Pachacamac wurde darüber eifersüchtig und zornig; er tötete den Knaben und zerriss ihn. Die Körperteile benutzte Pachacamac, um dem Land Nahrung zu schaffen. Er säte die Zähne in den Erdboden, und daraus entspross der Mais. Er pflanzte die Rippen und Knochen in den Erdboden, und daraus entstanden die Yuccaknollen (Maniok). Er pflanzte das Fleisch, und daraus entstanden die Fruchtbäume und Gemüse wie die Gurkenpflanzen.

Der Sonnengott aber nahm den Penis und den Nabel des zerrissenen Knaben und erschuf sich daraus einen neuen Sohn, der *Vichama* oder *Villama* genannt wurde. Wie sein Vater, der Sonnengott, liebte Vichama das Umherziehen und brach zu einer Reise auf. Als Vichama fortzog, tötete Pachacamac die Frau, die er früher geschaffen hatte. Diese Frau war gewissermaßen Vichamas Mutter, da er durch eine Art »Cloning« aus dem Penis und Nabel ihres erstgeborenen Sohnes erzeugt worden war. Pachacamac überließ die zerrissene Leiche der Frau den Geiern und Kondoren.

Dann erschuf Pachacamac ein neues Menschenpaar, um das Land wieder zu bevölkern; er setzte auch *curacas* (Häuptlinge) ein, die die Menschen regieren sollten. Als Vichama nach Hause zurückkehrte, setzte er seine Mutter wieder zusammen und brachte sie ins Leben zurück. Pachacamac fürchtete die Rache Vichamas wegen der Ermordung seiner Mutter, floh zum Meer und versank vor dem Tempel des Vichama/Pachacamac im Ozean. Vichama verwandelte die Menschen, die Pachacamac in seiner Abwesenheit erschaffen hatte, zu Stein. Später bereute er diese Tat und verwandelte die Steine, die im Leben Curacas gewesen waren, in Huacas.

Nun bat Vichama seinen Vater, den Sonnengott, ein neues Menschengeschlecht zu erschaffen. Der Sonnengott schickte drei Eier, ein goldenes, ein silbernes und ein kupfernes. Aus dem goldenen Ei entstanden die Curacas und Adligen; aus dem silbernen die Frauen; und aus dem kupfernen schließlich die einfachen Leute und deren Familien. An anderen Orten des mittleren und südlichen Küstengebietes glaubte man, so berichtet Calancha, dass Pachacamac vier Sterne zur Erde entsandt habe, zwei männlichen und zwei weiblichen Geschlechts. Aus dem ersten Paar seien die Könige und der Adel, aus dem zweiten die einfachen Leute entstanden.

Die Art, wie Pachacamac und der Sonnengott in diesem Mythos verbunden wurden, könnte durchaus ein weiteres Beispiel für den früher behandelten Vorgang einer Umarbeitung lokaler Mythen aus der Perspektive der Inka des Hochlandes sein. In diesem Fall stünde dann der Sonnengott für die Inka. Selbstverständlich wissen wir aber nicht, bis zu welchem Grad sich die Menschen des zentralen Küstenlandes, die um das machtvolle Orakel des Pachacamac ihre Wohnsitze hatten, tatsächlich auf diese imperiale Umarbeitung des lokalen Ursprungsmythos einließen, das heißt, ihn in dieser Form freiwillig weitererzählten.

Der Mythos von Pachacamac und dem Sonnengott wurde, wie bereits erwähnt, von Antonio de la Calancha in seiner aus dem Jahr 1638 stammenden Chronik aufgezeichnet. Ungefähr zur gleichen Zeit war eine folgenschwere Untersuchung des Götzendienstes der Eingeborenen im Hochland östlich von Pachacamac im Gang.

Der Götzendienst und die Fortdauer vorkolonialer Glaubensüberzeugungen und Riten

Die Bekehrung der eingeborenen Andenvölker durch verschiedene Orden der katholischen Kirche begann gleich nach der Eroberung des Landes, das heißt in den dreißiger und vierziger Jahren des 16. Jahrhunderts. Diese Missionsanstrengungen wurden intensiv durchgeführt und mit nie nachlassender Energie fortgesetzt. Als die Geistlichen aber am Ende des 16. und zu Beginn des 17. Jahrhunderts in immer abgelegenere Regionen der Anden vordrangen, erkannten sie mehr und mehr, dass die einheimischen Völker in den zerstreuten Bergsiedlungen weiterhin Berge, »heidnische« Schöpfergottheiten, Ahnenmumien, Sonne, Mond und Sterne kultisch verehrten.
Diese Erkenntnis bereitete den spanischen Priestern große Sorgen: Zwar hatten die Armeen Spaniens längst den Kampf gegen die

Der Priester Cristobal de Albornoz (links) befiehlt die Verhaftung eines des Götzendienstes Angeklagten

Heere der Inka gewonnen, aber nun schien es, die Kirche könnte schließlich im Krieg gegen die eingeborenen Götter unterliegen. Härtere und besser koordinierte Anstrengungen zur Ausrottung und Vernichtung der Verehrung einheimischer Idole, »Hexen« und Geistwesen waren erforderlich. So kam es zwischen 1610 und 1690 zu einer Anzahl nachhaltiger Kampagnen gegen Idololatrien, wobei die katholischen Priester mit Unterstützung der örtlichen Häuptlinge (*curacas*) systematisch die einheimische Bevölkerung über die von ihnen verehrten Objekte und Gottheiten, über ihre Methoden zur Heilung von Krankheiten und zur Voraussage der Zukunft sowie über weitere »häretische« Glaubensüberzeugungen und -praktiken befragten. Die Berichte von diesen systematischen Verhören, von denen bisher nur eine Hand voll veröffentlicht worden sind, werden als *Idolatrías* bezeichnet.

Diese während des Kampfes gegen den Götzendienst entstandenen Dokumente sind eine unvergleichliche Informationsquelle zu vielen Aspekten des Alltagslebens der andinen Gemeinschaften jener Zeit, auch in Bezug auf ihre religiösen Überzeugungen und Praktiken. Außerdem liefern sie uns Hintergrund- und Grundlagenmaterial für die Interpretation und Kontextualisierung der großen kosmischen Mythen und der Mythen des Inkastaates, die wir aus den früheren »offiziellen« Dokumenten und Chroniken der Spanier kennen, die auf den Erzählungen von Angehörigen des Inka-Adels beruhen.

Die Idolatrías

Die erhellendste Erkenntnis, die sich aus den Idolatrías genannten Aufzeichnungen fast vier Jahrhunderte nach ihrer Abfassung gewinnen lässt, besteht in der engen Verbindung zwischen den Menschen der jeweiligen Gemeinschaft und den von ihnen verehrten unzähligen sakralen Gegenständen und Geistwesen in der von ihnen bewohnten Landschaft. Besonders genaue und detaillierte Berichte besitzen wir aus der Gegend der Stadt Cajatambo im zentralperuanischen Hochland. Die Menschen dieses Gebiets waren, wie es zu jener Zeit auch in vielen anderen Gegenden des Andenlandes üblich war, in zahlreiche Ayllus eingeteilt. Diese Ayllus gruppierten sich in Cajatambo in zwei verschiedene »Volksgruppen«: die Guari und die Llacuaz. Die Eigenschaften dieser beiden Volksgruppen und ihre Beziehungen zueinander entsprachen ungefähr jenem Verhältnis, das wir bereits bei den Ackerbauern und Hirten von Huarochirí kennen gelernt haben.

Die Guari von Cajatambo waren alteingesessene Tiefland- oder Talbewohner, die die Städte in dieser Region gegründet hatten. Der Schutzgott der Guari war ein Gigant, der mit den Höhlen in Verbindung gebracht wurde; sein Name lautet in den Texten »Huari«. Darüber hinaus verehrten diese Menschen die nächtliche Sonne, die nach ihrer Ansicht vom Sonnenuntergang bis zum Sonnenaufgang durch die Wasser der Unterwelt reiste. Die Ahnen der Guari sollen in ferner Vorzeit entweder vom Ozean im Westen oder vom Titicacasee in diese Region eingewandert sein. Die Guari waren hauptsächlich Maisbauern und verehrten heilige Amulette, die *canopas*, von denen sie glaubten, von ihnen hinge die Fruchtbarkeit der Maisfelder ab.

Die zweite Großgruppe des gesellschaftlichen Gefüges in der Region von Cajatambo waren die Llacuaz. Diese Menschen bewohnten das Hochland (*puna*); sie lebten vom Anbau von Kartoffeln und der Aufzucht von Lamas und Alpakas. Die Hauptgottheit der Llacuaz hieß »Llibiac« und war in erster Linie ein Gott des Gewitters. Darüber hinaus verehrten die Llacuaz die Tagessonne, die ihre Bahn vom Aufgang bis zum Untergang beschreibt, sowie die Sterne. Die Llacuaz waren angeblich in nicht allzu ferner Vergangenheit als Einwanderer in das Gebiet von Cajatambo gelangt und hatten die Guari unterworfen.

Das rituelle Leben in den Siedlungen jener Region hielt die Erinnerung an die Unterwerfung der Guari durch die Llacuaz und an die spätere Gründung einer Konföderation zwischen beiden Volksgruppen wach. Jede Seite dieser zweiteiligen oder »gehälfteten« Konföderation übernahm bestimmte Riten oder Zeremonien der anderen Hälfte. Das heißt, bei den Ritualen, die zelebriert wurden, herrschte Wechselseitigkeit: Die Guari zelebrierten Rituale für die Llacuaz und umgekehrt. Manche Rituale und Feste feierten beide Gruppen auch gemeinsam, und gemeinsam verehrten sie auch bestimmte sakrale Objekte und zahlreiche Stätten in der Landschaft, die die Begräbnisplätze geopferter Menschen, der *capacochas*, waren. Diese Opfer stellten Verbindungen zwischen den örtlichen Einwohnern und den Inka her, denen nach Ansicht der Guari und Llacuaz das gesamte Land gehört hatte.

Die verschiedenen Ayllus der Guari und Llacuaz besaßen besondere Beziehungen zu Huacas in der Landschaft, beispielsweise zu Berggipfeln, Quellen und Höhlen. Sie glaubten, dass diese Huacas einen besonderen Einfluss auf das Leben und das Schicksal der Gruppe ausübten, von der sie verehrt wurden. Die mächtigsten Huacas waren die hohen Berge, von denen jeder seinen eigenen Namen und seinen eigenen Geist (oder seine eigenen Geister) besaß und mit den anderen Bergen der Gegend in einem spezifischen Verwandtschaftsverhältnis stand. Außerdem galten alle besonders großen und herausragenden Felsblöcke, *huancas* genannt, als heilig. Sie repräsentierten bzw. enthielten das Wesen des Ahnen von einem oder mehreren der örtlichen Ayllus.

Die mythologischen Traditionen der Ayllus in der Region von Cajatambo bestanden hauptsächlich aus Geschichten, die berichteten, wie der Geist der Ayllu-Ahnen in die Berge der Umgebung, in Felsvorsprünge oder andere charakteristische Merkmale der Landschaft eingegangen war. Es gab auch Geschichten über das Zusammenwirken der heiligen Orte und Wesen in ferner Vergangenheit. Ein weiteres geographisches Merkmal, das von großer ritueller und mythologischer Bedeutung für die Menschen von Cajatambo war, bildeten die vielen Höhlen, die *machay*, die an den Berghängen zu finden waren. Wir haben früher erfahren, welche Bedeutung Höhlen in den Inkamythen über den Ursprung des ersten Königs des Reiches besaßen. In Cajatambo galten die Höhlen als die Ursprungsorte der Ahnen der Guari- und Llacuaz-Ayllus; in ihnen wurden auch die Mumien (*mallqis*) der verstorbenen Mitglieder der Ayllus niedergelegt.

Die Zahl der Ahnenmumien, die in diesen Höhlen verwahrt wurden, war wahrhaft erstaunlich. So nennt ein Bericht über die Idolatrien aus den Jahren 1656–58 folgende Zahlen von Ahnenmumien, die in Höhlen oder verlassenen Siedlungen nahe des Ortes San Pedro de Hacas gefunden wurden: in Yanaqui 214, in Quirca 471, in Ayllu Carampa 738 und in Ayllu Picoca 402. Diese Ansammlungen von Mallqis wurden von den lebenden Einwohnern der jeweiligen Orte verehrt. Zu bestimmten Zeiten des Jahres wurden die Mumien mit neuen Kleidern versehen; zur Zeit der Aussaat und Ernte erhielten sie Nahrungs- und Trankopfer.

Die Informationen, die in den Idolatrías gesammelt wurden, belegen also, wie die Menschen der ländlichen Andengebiete, selbst noch ein- bis zweihundert Jahre nach der Unterwerfung durch die Spanier, die Vergangenheit und die Gegenwart, die Lebenden und die Toten sowie das Land und seine Bewohner als etwas betrachteten, das untereinander verbunden war, Kontinuität besaß und sich vollkommen ergänzte. Die komplementären Gegensätze zwischen den Bewohnern des Tieflands und des Hochlands, zwischen Alteingesessenen und Zuwanderern, Eroberern und Eroberten, Maisbauern und Kartoffelbauern (bzw. Hirten), zwischen Sonne und Mond und alle weiteren Gegensätze, die sich in den Glaubensvorstellungen der Menschen von Cajatambo im 17. Jahrhundert finden, entsprechen genau den Glaubensvorstellungen, die in den frühesten Chroniken des Inkareiches aufgezeichnet wurden.

Diese Ideen, welche die religiösen und ideologischen Grundlagen der Mythen bildeten, in denen das Wesen der Beziehungen zwischen den Ayllus und ethnischen Gruppen des Reiches detailliert geschildert wurde, bestimmten die mythologischen Traditionen der Andenvölker bis weit in die Kolonialzeit hinein. Doch es gab nicht nur Ähnlichkeiten zwischen vorspanischen und kolonialzeitlichen Glaubensvorstellungen und Mythen, sondern auch Traditionen, die beide Zeitalter direkt zueinander in Beziehung setzten; diese Traditionen wurden – und werden immer noch – in den Dörfern des gesamten Andengebietes gepflegt. Zu ihnen gehören die Mythen vom Tod und der vorausgesagten Wiedergeburt des Inka.

Die Inka-Vergangenheit in den Andenländern der Gegenwart

Eine ernsthafte ethnographische Feldforschung unter den andinen Gemeinschaften setzte erst nach dem Zweiten Weltkrieg ein. Bis zum Ende der fünfziger Jahre hatten Anthropologen ein Korpus von Mythen und Legenden gesammelt, die bei den Quechua oder Aymara sprechenden Gemeinschaften in den Anden verbreitet waren. Zwei mythische Traditionen sind für uns von besonderem Interesse, weil sie es uns gestatten, allgemeinere Feststellungen über die anhaltende Bedeutung des Bildes und der Gestalt des Inka in der Andenwelt sowie über die Zwecke, für die Mythen eingesetzt wurden, zu treffen. Bei einem dieser Überlieferungsstränge handelt es sich um Mythen, die um das Thema von »Tod und Wiedergeburt des Inka« kreisen. Mythen dieser Art, die sich bei Gemeinschaften überall in den Anden finden, repräsentieren eine Quelle panandiner Einheit und sind in dieser Hinsicht mit den kosmischen Ursprungsmythen vergleichbar, die sich zur Zeit der Inka um den Titicacasee rankten. Der zweite Typus von Überlieferungen, den wir hier kurz betrachten wollen, betrifft die Verbindung zwischen einem lokalen Ursprungsmythos und der Legitimierung lokaler oder staatlicher Autoritäten. Interessanterweise können wir dabei wiederum auf die Nutzung des Ursprungsmythos von Pacaritambo, dem Ursprungsort des ersten Inka Manco Capac, zurückgreifen.

Tod und Wiedergeburt des Inka

Viele Inkamythen, die heute über das gesamte Andengebiet verbreitet sind, kreisen um das chiliastische Thema der Wiederkehr des Inka. Die zentrale Figur in diesen Mythen heißt *Inkarrí*, ein Name, der aus den Wörtern »Inka« und »rey« (spanisch für »König«) zusammengesetzt ist.

Der Mythos von Inkarrí ist chiliastisch in dem Sinne, dass er für die Andenwelt eine zukünftige apokalyptische Verwandlung vorhersagt, die den Untergang der seit der spanischen Invasion im 16. Jahrhundert bestehenden europäischen Herrschaft und die Wiedereinsetzung des Inka als Oberherrn bedeutet. Dieser Chiliasmus steht vollkommen im Einklang mit der uralten andinen Vorstellung des *pachacuti*, der Umkehrung von Raum und Zeit. Der bedeutende peruanische Anthropologe José María Arguedas sammelte in den fünfziger Jahren des 20. Jahrhunderts mehrere Versionen des Inkarrí-Mythos in der südperuanischen Stadt Puquio. Eine dieser Fassungen lautet wie folgt:

> Sie erzählen, Inkarrí sei der Verbindung einer Frau aus einem wilden Stamm mit dem Sonnengott entsprossen. Die wilde Frau habe ihn ausgetragen, der Sonnengott ihn gezeugt.
> Der Inkakönig hatte drei Frauen. Das Werk des Inka befindet sich in Ak'nu. Auf der Ebene von K'ellk'ata gären der Wein, die *chicha* [Maisbier] und das *aguar-diente* [Branntwein aus Zuckerrohr].
> Inkarrí trieb die Steine mit einer Peitsche vor sich her. Dann gründete er eine Stadt. K'ellk'ata könnte Cuzco gewesen sein, so heißt es.
> ... Inkarrí sperrte den Wind ein ... [und] er band den Sonnenvater, damit die Zeit bestehen blieb, damit es Tag blieb, damit er seine Aufgabe ausführen konnte.
> Als er den Wind an das Gebirge [Osk'onta] gebunden hatte, schleuderte er einen goldenen Stab von der höchsten Spitze, dem Großen Osk'onta, und fragte: ›Wird Cuzco hineinpassen?‹ Aber die Ebene von K'ellk'ata reichte für Cuzco nicht aus. Er

schleuderte den Stab weit nach unten und sprach: ›Die Stadt passt nicht hinein.‹ Cuzco wurde dahin verlegt, wo es sich heute befindet. Wie weit mag es von seinem Ursprungsort entfernt sein? Wir, die wir heute leben, wissen es nicht. Die alte Generation, die vor Atahualpa lebte, wusste es.

Die Enthauptung Atahualpas

Der spanische Inka kerkerte Inkarrí, den ihm Gleichgestellten, ein. An welchem Ort, wissen wir nicht. Es heißt, nur der Kopf Inkarrís blieb übrig. Von diesem Kopf aus wächst er, so wird gesagt, bis zu den Füßen wieder nach.
Wenn sein Körper wieder neu und vollständig ist, wird Inkarrí zurückkehren. Er ist bis heute nicht zurückgekehrt. Er wird zu uns zurückkehren, wenn es Gott gefällt. Doch, so erzählen sie, wir wissen nicht, ob Gott ihn zurückkehren lassen will.

Die Ursprünge des Inkarrí-Mythos, wie er in Puquio und zahllosen anderen Städten, Kleinstädten und Dörfern der Anden erzählt wird, scheint auf Ereignisse zurückzugehen, die sich in den ersten ungefähr vierzig Jahren nach der spanischen Eroberung abspielten. Kurz nach dem Sieg über die Inka-Armeen bei Cajamarca ließ Francisco Pizarro den letzten Inkaherrscher, Atahualpa, köpfen. Ein weiteres gravierendes, traumatisches Ereignis war die Hinrichtung des Eingeborenenführers Tupac Amaru, der in den sechziger und siebziger Jahren des 16. Jahrhunderts einen Aufstand gegen die Spanier leitete. Tupac Amaru wurde 1572 auf Geheiß des spanischen Vizekönigs Francisco de Toledo auf dem großen Platz von Cuzco geköpft.
In beiden Fällen wurde ein Inka – bzw. im letzteren Fall ein »neuer Inka« – von den Spaniern geköpft. Auf dem Lande verbreitete sich danach offenbar das Gerücht, der Kopf sei weggeschafft und begraben worden. In manchen Erzählungen hieß es, der Kopf sei nach Lima, in anderen, er sei nach Cuzco verbracht worden. Immer jedoch glaubte man, sobald der Kopf in der Erde begraben worden sei, habe der Körper nachzuwachsen begonnen. Wenn der Körper wieder vollständig sei, werde der Inka zurückkehren und die Welt werde eine Zeitenwende, ein *pachacuti*, erleben.

Der Ursprungsort der Inka und seine heutige Nutzung

Die Kleinstadt Pacaritambo, der Ort, wo sich nach der Überlieferung die Höhle des Tambo Toco, der Ursprungsort des Inka Manco Capac und seiner Geschwister, befunden haben soll, liegt ungefähr 26 Kilometer südlich der alten Inkahauptstadt Cuzco. Ich habe für eine ethnographische Feldforschung in den 1980er Jahren länger als zwei Jahre in dieser Stadt gelebt und kann bestätigen, wie stolz die Einwohner auf die historische Bedeutung ihres Ortes in der peruanischen Geschichte sind und wie sehr sie sich dafür interessieren. Immer wieder weisen die Menschen auf auffällige Merkmale in der Landschaft hin – einen Felsvorsprung, der scheinbar den Fußabdruck eines Lamas zeigt, eine Einsenkung in einem Felsblock oder eine zerklüftete Bergspitze –, von denen sie glauben, sie seien Spuren, die die Inka zu Beginn der Zeiten zurückgelassen hätten. Ungefähr einen Kilometer vor der Stadt befindet sich eine kleine Höhle, die nach Ansicht der Ortsansässigen zum Tambo Toco gehört. Die Landschaft, die die Stadt und diese Höhle umgibt, ist somit ein sichtbares Überbleibsel des Ursprungsmythos der Inka.

Zu dem Status Pacaritambos als Ursprungsort der Inka tragen heute auch in ganz Peru verwendete, vom Staat eingeführte Lesebücher für die Grundschule bei, in denen der Ursprungsmythos in gekürzter, kindgerechter Form wiedergegeben wird. Diese staatlich sanktionierte Version des Ursprungsmythos ist eine Quelle beträchtlichen Stolzes für die Ortsansässigen und belegt das Weiterleben der Tradition von Pacaritambo als dem Entstehungsort des ersten Inka. Darüber hinaus wird diese Überlieferung gelegentlich von Außenstehenden zu ganz neuen Zwecken benutzt. Das deutlichste Beispiel dieser Art hatte mit einem ehemaligen Präsidenten Perus zu tun, Fernando Belaúnde Terry.

Als Belaúnde Terry 1964 sein Amt antrat, besuchte er als Erstes Pacaritambo – ein Schachzug, mit dem er offenkundig seiner Prä-

Die Höhle, die heute als die Ursprungshöhle des Tambo Toco angesehen wird

sidentschaft durch den Kontakt mit dem Ursprungsort des ersten Inkakönigs zusätzliche Legitimität geben wollte. Der Präsident bestieg in Cuzco einen Hubschrauber, mit dem er auf der Plaza im Zentrum Pacaritambos landete. Dort wurde ihm ein hölzerner Kommandostab, ein *vara*, überreicht, er schüttelte den örtlichen Regierungsbeamten die Hand und flog dann mit dem Hubschrauber nach Cuzco zurück, von wo aus er in den Präsidentenpalast nach Lima zurückkehrte. Heute noch sprechen die, die damals anwesend waren und vielleicht die Hand des Präsidenten schüttelten, von diesem wortwörtlich als Blitzbesuch zu bezeichnenden Ereignis, wobei sie einzelne Elemente der Geschichte ausschmücken, um ihre eigene Rolle oder die ihrer Bekannten herauszustreichen.

Gleichgültig, wie es um das wahre Wesen der Inka zu ihrer Zeit bestellt gewesen sein mag und ob wirklich der Körper des letzten

Inka irgendwo neu nachwächst, unzweifelhaft ist, dass das Prestige der Inka und die Erinnerung an ihre Herrschaft für die Menschen in dem Land, das früher einmal Tahuantinsuyu war, weiterhin machtvoll und bedeutsam ist.

Literaturhinweise

Es gibt eine Reihe von Büchern aus jüngster Zeit, die in englischer Sprache einen guten Gesamtüberblick über die Archäologie des Andengebiets und darunter auch des Inkareiches vermitteln. Genannt seien: Michael E. Moseley, *The Incas and Their Ancestors* (London 1992); Adriana von Hagen und Craig Morris, *The Cities of the Ancient Andes* (London 1998) sowie Jonathan Haas, Sheila Pozorski und Thomas Pozorski (Hrsg.), *The Origins and Development of the Andean State* (Cambridge 1987). [Einen guten deutschsprachigen Überblick über die gesamte altamerikanische Archäologie vermittelt Wolfgang Haberland, *Amerikanische Archäologie. Geschichte, Theorie, Kulturentwicklung* (Darmstadt 1991).]

Archäologische Untersuchungen über die Entwicklungen in den Anden, die zur Ausbildung des Inkareiches führten, behandeln Richard Burger, *Chavín and the Origins of Andean Civilization* (London 1992); Alan Kolata, *Tiwanaku: Portrait of an Andean Civilization* (Oxford/Cambridge, Mass., 1993); Katharina J. Schreiber, *Wari Imperialism in Middle Horizon Peru* (Ann Arbor 1992), sowie William H. Isbell, *Mummies and Mortuary Monuments* (Austin 1997).

Archäologische und ethnohistorische Untersuchungen, die sich spezifisch mit den Inka beschäftigen, bieten Brian S. Bauer, *The Development of the Inca State* (Austin 1992) und Martti Pärssinen, *Tawantinsuyu: The Inca State and Its Political Organization* (Helsinki 1992). Eine der besten Überblicksdarstellungen der Inkakultur am Vorabend der spanischen Eroberung gibt immer noch John H. Rowe, »Inca Culture at the Time of the Spanish Conquest«, in: Julian H. Steward (Hrsg.), *Handbook of South American Indians*, Bd. 2, Bulletin Nr. 143 (Washington, D. C., 1946), S. 183–330.

Zum Verhältnis zwischen Staat und Ayllu in der Ökonomie des Andengebiets siehe John V. Murra, *The Economic Organization of the Inca State* (Greenwich, Conn., 1980). Die Standardquelle für die Erforschung der gesellschaftlichen, kultischen und politischen Organisation Cuzcos zur Inkazeit ist R. Tom Zuidema, *The Ceque System of Cuzco: The Social Organization of the Capital of the Inca* (Leiden 1964).

Über die spanischen Chronisten, die die Mythologie und Geschichte der Inka behandelten, gibt es nur wenige gute Überblicksdarstellungen in englischer Sprache. [Einige der Chroniken und Idolatrías liegen auch auf Deutsch vor. Genannt sei: Pablo José de Arriaga, *Eure Götter werden getötet: »Ausrottung des Götzendienstes in Peru« (1621)*, übers. und komm. von Karl A. Wipf (Darmstadt 1992). Das Buch enthält einen Anhang »Zur Religionsgeschichte Perus« auf den Seiten 243–257.] Eine der gründlichsten und umfassendsten Überblicksdarstellungen in Spanisch bietet Raúl Porras Barrenechea, *Los cronistas del Perú (1528–1650)* (Lima 1986). Aufsätze zu den eingeborenen Chronisten des Andengebiets finden sich in Rolena Adorno (Hrsg.), *From Oral to Written Expression: Native Andean Chronicles of the Early Colonial Period* (Syracuse 1982). Auszüge aus den Quellenschriften zur Inkamythologie finden sich in englischer Übersetzung in Harold Osborne, *South American Mythology* (London 1968). Die bislang beste Untersuchung zu den intellektuellen und theologischen Hintergründen der Darstellung der mythischen Geschichten der Inka in vielen der Chroniken bietet Sabine MacCormack, *Religion in the Andes: Vision and Imagination in Early Colonial Peru* (Princeton, N. J., 1991).

Von Untersuchungen zu den kosmischen Ursprungsmythen, die sich auf den Titicacasee und Tiahuanaco beziehen, seien angeführt: Verónica Salles-Reese, *From Viracocha to the Virgin of Copacabana: Representation of the Sacred at Lake Titicaca* (Austin 1997), Thérèse Bouysse-Cassagne, *Lluvias y Cenizas: Dos Pachacuti en la Historia* (La Paz 1988), sowie Franklin Pease, *El Dios Creador Andino* (Lima 1973).

Die Rolle der kolonialzeitlichen Einwohner Pacaritambos bei der Weitergabe des auf ihren Ort bezogenen Ursprungsmythos der Inka untersucht Gary Urton, *The History of a Myth: Pacaritambo and the Origin of the Inkas* (Austin 1990). Die Beziehung der Inka-Ursprungsmythen zur politischen Organisation der Reichshauptstadt behandelt R. Tom Zuidema, *Inca Civilization in Cuzco* (Austin 1990). Eine gute, sehr lesenswerte Darstellung der spanischen Eroberung des Inkareichs unter besonderer Berücksichtigung der Geschichte der frühen Kolonialzeit in der Region Cuzco bietet John Hemming, *The Conquest of the Incas* (New York / London 1970). Ein lesenswerter Klassiker der Geschichtsschreibung ist nach wie vor William H. Prescott, *History of the Conquest of Peru*, 3 Bde. (Boston 1847; dt. *Die Eroberung Perus*, übers. von Julius Herrmann Eberty, Leipzig 1848, immer wieder neu aufgelegt und bearbeitet). Neuere, in deutscher Sprache vorliegende Überblicksdarstellungen über die Geschichte des vorkolonialen und kolonialzeitlichen Peru finden sich in Wilhelm von Schoen, *Geschichte Mittel- und Südamerikas* (München 1953), sowie – mit einer guten Bibliographie – in Laurette Séjourné, *Fischer Weltgeschichte*, Bd. 11: *Altamerikanische Kulturen*, übers. von Marianne und Christoph Schneider (Frankfurt a. M. 1971 u. ö.).]

Für die mythischen Geschichten und archäologischen Zeugnisse des Chimú-Reiches und anderer Gesellschaften des nordperuanischen Küstenlandes liegt mit María Rostworowsky und Michael E. Moseley (Hrsg.), *The Northern Dynasties: Kingship and Statecraft in Chimor* (Washington, D. C., 1990), eine exzellente Aufsatzsammlung vor. Die gleiche Thematik behandelt ferner María

Rostworowsky, *Costa peruana prehispanica* (Lima 1989). Eine überzeugende Transkription des Quechua-Textes des Huarochirí-Manuskripts mit englischer Übersetzung und einer guten Darstellung des kulturellen Kontextes bieten Frank Salomon und George L. Urioste, *The Huarochirí Manuscript* (Austin 1991). [Eine deutsche Übersetzung des Huarochirí-Manuskripts liegt vor in Francisco de Avila, *Dämonen und Zauber im Inkareich*, übers. und eingel. von Hermann Trimborn und Antje Kelm (Berlin 1967).]

Über die Sammlung und Zusammenstellung der Idolatrías unterrichtet Kenneth Mills, *Idolatry and Its Enemies: Colonial Andean Religion and Extirpation, 1640–1750* (Princeton, N. J., 1997). Viele der Dokumente, die sich auf die Untersuchungen zum Götzendienst und die Gerichtsverfahren in der Region von Cajatambo beziehen, finden sich in Pierre Duviols, *Cultura Andina y Repression: Procesos y visitas de idolatrías y hechicerías Cajatambo, Siglo XVII* (Cuzco 1986).
Einige wenige Versionen des Inkarrí-Mythos finden sich in der kurzen ethnographischen Darstellung Puquios, die im Rahmen von José María Arguedas' Roman *Yawar Fiesta* (Austin 1985) [*Yawar fiesta*, Havanna 1972; dt. *Fiesta des Blutes*, übers. von Juliane Bambula-Diez, Berlin 1980] publiziert wurde. Eine exzellente Studie zu den Inkarrí-Mythen bietet Mercedes López-Baralt, *El Retorno del Inca Rey: Mito y profecía en el mundo andino* (Fuenlabrada 1987). Zur utopistischen und chiliastischen Ideologie im heutigen Peru siehe Alberto Flores Galindo, *Buscando un Inca: Identidad y utopia en los Andes* (Havanna 1985).

An deutschsprachigen Standardwerken zum Thema sind zu nennen:

Baudin, Louis, *So lebten die Inkas vor dem Untergang des Reiches*, übers. von Curt Meyer-Clason, Stuttgart 1957.
Disselhoff, Hans-Dietrich, *Geschichte der altamerikanischen Kulturen*, München 1953. 2., erw. Aufl. München/Wien 1967.

Julien, Catherine J., *Die Inka. Geschichte, Kultur, Religion*, übers. von Kerstin Nowack, München 1998.
Krickeberg, Walter / Trimborn, Hermann / Müller, Werner / Zerries, Otto, *Die Religionen des alten Amerika*, Stuttgart 1961.
Lanczkowski, Günter, *Die Religionen der Azteken, Maya und Inka*, Darmstadt 1989.

Die Abbildungen sind sämtlich der englischen Originalausgabe entnommen, in der sich auch die entsprechenden Nachweise finden.

Umschlagabbildung: Zeremonialmesser (Tumi) mit geschmückter stehender menschlicher Figur aus Gold, verziert mit Edelsteinen, Lambayeque (1000–1470 n. Chr.).

Register

Auf eine Vereinheitlichung der Schreibweisen von Ortsnamen und Begriffen, die aus den Indianersprachen Quechua oder Aymara stammen, wurde verzichtet. In der Literatur finden sich beispielsweise »Ccoricancha« neben »Coricancha« und »Mallqi« neben »Mallqui« und »Malqui«. Dies hat seinen Grund darin, dass die Verschriftlichung der Indianersprachen auf der Grundlage des spanischen Alphabets erfolgte, welches zur Wiedergabe der Laute jener Sprachen denkbar ungeeignet war. Bei allgemein verbreiteten Namen und Begriffen folgen wir in der Regel der Schreibung, die Karl A. Wipf im Anmerkungsteil seiner Übersetzung der *Idolatría* des Pablo José de Arriaga gibt (siehe Literaturhinweise), bei der Erzählung der Mythen hingegen der Schreibung Urtons, der sich wiederum auf die spanischen Quellen der Kolonialzeit stützt. Diese Uneinheitlichkeit lässt sich nicht vermeiden, weil manche der mythischen Namen nur in einer Quelle überliefert sind, weshalb es teilweise unmöglich ist, ihre genaue Lautung festzustellen.

Acosta, José de   40 f.
Ahnen   53
   der Ayllus   9 f., 59, 104
   der Inka   65–74
   der Yauyos   91
Albornoz, Crístobal de   101
Alcaviçça   57, 73 f., 81
Alpaka   60, 103
Amauta   34, 84, 89
Anden   7
Archäologie   18
Atahualpa   80, 109 f.
Avila, Francisco de   41, 90
Ayar   68, 73
Ayar Auca   67, 74
Ayar Cachi   67, 70 f.
Ayar Manco   67 f., 70
   s. a. Manco Capac
Ayar Uchu   67, 72
Ayllu   9 f., 59, 61 f.
   Cajatambo   103 f.
   Inka   14, 68

Mitimae   17
   Ahnenmumien   11 f.
   Yauyo   91
Aymara   33, 60

Balboa, Cabello de   40, 85, 87
Bauern   10
Baum   93
Begräbnis   25, 29, 104, 110
Betanzos, Juan de   38 f., 49, 55 f.
Bettler   93, 98
Bolivien   58

Cacha   55 f.
Cajamarca   42, 110
Cajatambo   102–105
Calancha, Antonio de la   42, 99
Canas   43, 55
Capacocha   17, 104
Capac Toco   67
Castro, Vasco de   42, 76
Cavillaca   93–96

Ccoricancha 12, 14f., 83
Ceterni 85
Chancha 81f.
Chanchan 29
Chaski 16
Chavín 19–21
Chicha (Maisbier) 73, 108
Chiliasmus 108
Chimo Capac 87
Chimú 29f., 87
Chot 86
Christentum 54f., 63
Chroniken 38–43
Chronologie 36–38, 79f.
Cieza de León, Pedro de 38, 55
Cium 86
Cobo, Bernabé 43, 45, 50, 65
Colla 58
Collasuyu 58
Curaca 14, 44, 76, 87, 102
Cuzco 12, 14, 34, 40, 55–57, 68–84, 108–110

Dezimalsystem 16, 61f.
Dualismus, hälftige Verteilung 10, 80f., 91, 103f.

Ei 92, 100
Eindringlinge, Invasoren 10, 59, 91
Einfache Leute 16, 89f.
  ihr Ursprung 100
Enthauptung 108–110
Eroberung
  der Inka 74
  der Spanier 12, 36
Ethnizität 10, 25, 45–47, 91

Falke 92
Fempellec 86f.
Fest 9, 16, 104
Feuer 55f., 91–93
Fisch 97
Flöße 85, 88
Flügel, Schwingen 72
Flüsse 8, 19
Flut 36, 49, 61, 78
Frauen, Ursprung der 100
Fruchtbarkeit 12, 28

Garcilaso de la Vega, El Inca 40f., 58, 68, 78, 89
Geist, Geistwesen 102
Genealogie 34–36
Giganten 28, 49
Götzenbild, Idol 29, 76–78, 85f., 103
Götzendienst 12, 42, 44, 54, 89f., 101–105
Guari 103f.

Hacas, San Pedro de 105
Hatunruna 16, 89f.
  s. a. Einfache Leute
Heiliger 54
Hexe 102
Hirten 10
Hochland 7f., 19, 97
Höhle 12, 52, 65–68, 90, 104, 112
Huaca, heiliger Ort 56, 59, 72, 74, 91, 94, 105
Huaca Chotuna 86
  s. a. Chot
Huaca del Sol 23
Huaca del Dragon 30
Huallollo Carhuincho 91–93
Huanacauri 71–73, 75, 77
Huari 26–28, 82, 103f.
  s. a. Wari
Huarochirí 41, 90–100, 103
Huascar 80
Huayna Capac 39, 80

Idolatrie s. Götzendienst
Idolatrías 44, 102–105
Inka
  Zeitalter der 63
  Geschichte 36–38
  Staat 12–18
  s. a. Mythos vom Ursprung des Inkastaats
Inkarrí 108–110
Insel der Sonne 50, 68, 78

Jungfrau 93

Kannibalismus 91
Könige
  der Inka 12, 14, 36, 54, 58, 68, 80, 108–110
  der Spanier 110

Königin 14
Körper, Leiche 68, 99f.
Krieg, Kriegsführung 23, 62
Kristall 83
Kupfer 100

Lama 16, 70
Lambayeque 22, 85–87
Lima 96, 98, 112
List 70f., 74–79, 97
Llacuaz 103f.
Llibiac 103

Mallqis 11, 104
  s.a. Mumie
Mama Huaco 67, 70, 73
Mama Ipacura/Cura 67
Mama Ocllo 67–69, 79
Mama Raua 67
Mana Ñamca 93
Manco Capac 67, 69, 73, 78–80, 107
Maras Toco 66
Mauqallaqta 74f.
Mayta Capac 81
Minchançaman 88
Mitimae 17, 52
Moche 22, 30, 87f.
Molina, Cristobal de 40, 56, 70, 73
Mond 14, 25, 47, 50, 83
Mumie 10f., 25, 44, 54, 59, 68, 73, 90, 101, 104f.
Murúa, Martín de 68, 75
Mythos 17, 45–47
  vom Ursprung der Ayllus 10, 46
  vom Ursprung der Küstenbewohner 85, 87
  vom Ursprung des Kosmos 17, 49–53, 60, 107
  vom Ursprung des Inkastaats 17, 65, 74, 79–84
Mythische Geschichten 17, 79–84, 89

Naymlap 85f.
Neuer Inka 108–111

Ohrgehänge 57, 83
Ökologie 7–9
Ökonomie 9
Opfer 17, 104

Orakel 19, 96, 98f.
Ozean 53, 87, 96–99, 103

Pacaritambo 66, 75f., 111
Pachacamac
  Gottheit 47, 49, 61f., 96f., 99f.
  Tempelstätte 94, 96, 98f.
Pachacuti 60–63, 108–110
Pachacuti Inca Yupanqui 80, 82–84
Pachacuti Yamqui, Juan de Santacruz 42f.
Panaca 14, 68
Paqcha 44
Paracas 25
Pariacaca 91–93
Peru 7, 65
Pilgerfahrt, Pilgerstätten 25, 50, 74, 94, 99
Pinahua 58
Pizarro, Francisco 42, 108
Polo de Ondegardo, Juan 39f.
Poma de Ayala, Felipe Guaman 33, 42f., 60–63, 68
Pongmassa 87
Priester
  katholische 44, 55, 90, 101f.
  eingeborene 76–79
  der Nordküste 85f.
Prinzessin, Fürstin 38f.
Puquio 110

Qero 37
Quechua 33, 39, 60, 90
Quelle 52, 83, 90
Quipu 16, 33–35
Quipucamayoq 33f., 39f., 66, 76, 84, 89

Raubkatze 20, 83
Regen 87, 92
Regenbogen 14, 29, 71, 83
Ritual, Riten 9, 17

Sarmiento de Gamboa, Pedro 40, 66–68
Schlange 29, 83, 96
Schöpfergott 20f., 28, 45–47, 53, 63, 84, 100
  s. a. Viracocha, Pachacamac
Schöpfung 58–60

Schrift 33, 46
Silber 56, 70, 100
Sinchi Roca 69, 74, 80f.
Sonne 14, 46f., 50, 76–78, 83
  als Gott 46, 99f.
  als Vater 73, 76–79
  als Weltzeitalter 60–63
  Inka als Sonne 14
  Sonnentempel 12, 94, 99
Stabgott(heit) 20f.
Statue (Tiahuanaco) 27, 51
Sterne 46, 50, 78, 83, 85
Sutic Toco 66

Tahuantinsuyu 7, 16, 53, 58, 113
Tambochacay 71
Tambo Toco 65f., 74, 111f.
Taycanamu 87f.
Teufel 46, 78, 86
Textil, Gewebe, Stoff 25, 60–62
Tiahuanaco 26–28, 50f., 57f., 82
Titicacasee 26, 28, 45, 49–53, 57–59, 68, 78, 82, 93, 98
Tocay 58
Toledo, Francisco de 39, 66, 110
Topa (auch: Tupac) Yupanqui 88f.
Tribut, Abgaben 16, 34
Trinität 54
Tropischer Regenwald 7
Tupac Amaru 110
Tyrannei 35

Urcos 56f.
Urpay Huachac 96
Ursprungsort 45, 65–67
  s. a. Mythos

Valera, Blas 41
Venus (Morgen- und Abendstern) 14, 83
Vichama, Villama 99f.
Viertel 7, 12, 57f.
Viracocha
  Gottheit 14, 47, 49–59, 61f., 67, 79, 83f.
  König 81, 84
Vogel 52, 90–100
Vulkan 91

Wari 61
  s. a. Huari
Weltalter 60–63

Yampallec 85f.
Yanacona 17
Yunga 91, 98

Zeremonie 26
Zolzoloñi 86

Mythen alter Kulturen

In gleicher Ausstattung liegen vor:

Ägyptische Mythen
von George Hart

Aztekische und Maya-Mythen
von Karl Taube

Chinesische Mythen
von Anne Birrell

Griechische Mythen
von Lucilla Burn

Keltische Mythen
von Miranda Jane Green

Mesopotamische Mythen
von Henrietta McCall

Nordische Mythen
von R. I. Page

Persische Mythen
von Vesta Sarkhosh Curtis

Römische Mythen
von Jane F. Gardner

Reclams Lexikon
der antiken Mythologie

Von Edward Tripp. Aus dem Englischen übersetzt von Rainer Rauthe. 560 Seiten. 72 Abb. 5 Karten. Format 15 × 21,5 cm. Gebunden
ISBN 3-15-010371-X

Ein Nachschlagewerk, das in 2200 Stichworten über den gesamten Bereich der griechischen und römischen Mythologie informiert. Es ist streng nach den antiken Quellen erarbeitet und behandelt Götter, Heroen und andere Gestalten des Mythos, stellt die geographischen Schauplätze der Ereignisse, aber auch Kultorte und Kulte vor und erklärt die Sternbilder sowie himmlische, irdische und unterirdische Erscheinungen – dies alles mit einem Höchstmaß an Vollständigkeit und Anschaulichkeit. Die Bebilderung vermittelt darüber hinaus einen Eindruck von der visuellen Kraft und Lebendigkeit antiker Mythen.

»Ein Lexikon dieser allgemeinverständlichen und in erster Linie orientierenden Art gehört zu den Gebrauchsbüchern, die für das immer wieder nötige Nachschlagen, aber auch für eine kontinuierliche Lektüre unerläßlich sind.«

Joachim Günther im *Tagesspiegel*, Berlin

»Angesiedelt in der Mitte zwischen Nachschlagewerk und Lesebuch, zugeschnitten auf die Interessen eines nichtspezialisierten Benutzers, mit zutreffenden Bildbeigaben versehen und durch Karten übersichtlich ergänzt, so präsentiert sich Tripps Lexikon als handlicher, brauchbarer Band.«

Die Zeit, Hamburg

Philipp Reclam jun. Stuttgart